学习脑

像训练肌肉一样训练大脑

Peter Hollins

[英]彼得·霍林斯 著

独孤轻云 译

Neuro-Learning

*Principles from the Science of Learning
on Information Synthesis, Comprehension,
Retention, and Breaking Down
Complex Subjects*

九 州 出 版 社
JIUZHOUPRESS

序

2018 年《考试脑科学》刚刚上市的时候，它还是一本几乎要停印的图书。我很荣幸地成了发掘它的第一个读书博主，卖力地把它推荐给了我的粉丝。此后，《考试脑科学》掀起了一阵购书浪潮，据编辑说，现在年销售量能达到 400 万册。但它只是国内引进的利用脑科学规律来学习的第一本书，它的应用领域也比较狭窄，只针对考试和记忆训练。

那么有没有利用脑科学来彻底解构学习的书呢？编辑来找我的时候，我就推荐了这本《学习脑》。本书的作者是一位应用脑科学家，他深刻了解如何解构脑科学，以及如何用脑科学来应对学习的各个方面。

不仅仅是应对考试，你还会从本书中学到如何获取知识、理解概念、对抗直觉、学习复杂回路、留存知识等等非常必要的方法。

"工欲善其事，必先利其器。"学习的"器"，并不是任何文具或者书本，而是我们的大脑。只不过千百年来，很多人并不知道如何磨炼这个"器"，所以产生了很多伪科学的方法：从古代的头悬梁、锥刺股，到现代的"蒙眼识字"，从让小朋友死记硬背，到过分关注"专注力"。这些或血腥或费劲的方法都显示了一点：大脑对一般人来说是一个黑盒，虽然我们要用大脑学习，但是你不知道大脑是怎么工作的。

脑科学对于学习的作用，就像是解剖学对于体育科学的作用一样。健身房的正规教练都学过肌肉解剖，知道肱二头肌和肱三头肌在哪里，这样才可以设计科学的动作，正确地训练。

同样，教师和家长，还有学习者本身，都需要知道大脑是怎么运作的，才可以设计好科学的学习计划，而不是"头悬梁、锥刺股"，盲目地胡乱操练。

但是大多数的脑科学书籍，对于一般人来说都很艰涩难懂。就像健身的时候，我们需要的不是一本肌肉解剖书而是一本健身指南一样，我们也需要一本基于脑科学的学习方法书，而不是一本把脑科学的原理和脑的解剖生理讲一遍的教科书。

从这个意义上来说，这本书是非常宝贵的。它是一本系统的脑学习指南，晦涩的内容非常少，都是坚实的科学原理，以及将其落实在日常生活中的方法。

相信你读了这本书，就会发现大脑是一把"利器"。在开辟生活和学习的新天地时，你的利器将指引你无往不胜。

屠龙的胭脂井

2022 年 5 月

目　录

第一章　学习的大脑

如果你在过去几十年上过学，你可能非常熟悉下面的场景：你需要为考试做准备，因此你决定花上几个小时的时间坐下来看书。你反复浏览教材，试图将知识点刻印在脑海里，以便在考试时能将它们回想起来。也许你一遍又一遍地看笔记，或者尝试背诵或默写，仿佛你是一块海绵，试图吸收尽可能多的知识。在准备阶段结束时，你在笔记里画出的重点区域比非重点区域还要多，而你的记忆效果还是一个未知数。不过，你自我感觉不错。你甚至会"开夜车"，试图将信息塞进脑袋里。人们会惊异于你的举动。

接下来的场景你大概也很熟悉——你走进考场，只能回想起你所"学习"的一小部分知识。

你可能还认识一些成绩优秀的人，他们似乎能够记住一切事情。他们可以轻松地吸收所有知识，并将其长期留存在记忆里，随考随用。他们的学习时间甚至还没有你长。当你闷在屋里用红色、黄色和绿色的笔标记同样的段落时，他们可以在外面骑自行车，甚至参加热狗竞吃比赛。为什么？怎么回事？这不公平。

本书试图回答这些问题，更加仔细地考察我们所知道的学习和记忆方法，更加深入地探究大脑吸收、组织和记忆新信息的神经科学原理。真相是，通过考察大脑内部的具体生理基础，我们可以对记忆、回忆和信息处理等抽象功能进行优化。凭借这些知识，我们可以让大脑发挥出最大潜力，正如对于解剖和生物学的理解可以帮助运动员发挥出最佳水平。你也许学习不好，或者无法胜任工作，但这是完全可以改变的。

你之前可能感觉到了自身认知能力的极限，拼命想要超越它。不过，本书的目的不是强调我们之前在学校学过的那些策略，而是试图理解和顺应大脑的自然能力。当你的大脑能够更好地吸收、处理、分析和回忆信息时，它一定是一个有效而强大的大脑。不管是在小学、中学、大学还是在工作和生活中，这种大脑的价值都是不可估量的。

1953 年，亨利·莫莱森（Henry Molaison）精神失常了——好吧，是时好时坏。（亨利更有名的名字是他的姓名缩写，即"患者 H.M."。）为了阻止癫痫的不断恶化，亨利的医生决定进行一项实验性手术，从他大脑两侧小心地取出两块大拇指大小的结构。癫痫症状的确消失了，但亨利患上了永久性失忆症。他无法形成新的记忆。当他结识新朋友时，如果对方离开房间，然后重新进屋，他就表现得像第一次见到对方一样。亨利·莫莱森的长期记忆没有受到影响。他的性格和技能得以保留。他甚至可以暂时学会基本的新技能（大部分基于运动技能）——但他永远无法将其转化为记忆。

这对亨利·莫莱森而言是一个悲伤的结果，但对神经科学而言却是一个有趣的开端。莫莱森的经历证明，记忆功能与离散的大脑生理区域存在明确联系。其他几个病人经历了同样的手术。医生发现，当颞叶内侧部的一部分被移除时，病人的记忆总会受到影响。移除的组织越多，病人记忆受到的损伤就越大。这是人类理解大脑功能的转折点，它对于我们理解神经科学非常重要。

这是几十年前的事情了。现在，神经科学家知道，颞叶内侧部中的海马非常重要，它能将我们当前的感受转化成未来可以回忆的固定记忆。海马是创造记忆的结构。没有它，我们仍可以拥有丰富多彩的当前经历，但是无法以"存储"记忆的形式回味它们。

让我们回到在重要考试前突击学习的问题上来。我们知道，大脑在生理上直接决定了我们对事物的记忆程度。那么，如何确保我们所采用的是最佳学习方法呢？如何理解神经学习过程？如何更好地迎合大脑的偏好和接受意愿？哪些规则既能提高考试成绩，又能改善整体学习效果？

我们应该将学习过程分解成几个独特的方面。每当你陈述、阅读、回忆或理解新概念时，大脑都在执行无数复杂的程序。不过，从本质上说，一切学习都可以分解成三种功能。

首先是信息的吸收。这是显而易见的。如果你不理解大脑是如何吸收信息的，你就不能谈论大脑对信息的记忆和处理。简单地说，没有吸收这个重要的第一步，我们就无法学习。我们需要准确感知眼前的事物，对相关细节关注足够长的时间，让它们渗透到我们头脑里。例如，要想学习和掌握国际象棋，你首先需要倾听或阅读游戏规则。你需要集中注意力，使这种信息得到充分吸收。你需要投入精力，放松精神，全神贯注。你首先需要以某种方式让信息进入大脑，然后才能处理和巩固信息。

许多人误以为自己记忆力不佳。实际上，只要在一开始花费足够多的时间关注想要记忆的事物，他们就可以获得很好的记忆。如果你"忘记"了某种重要信息或者某人说的话，这可能是因为你当时在关注其他事情，并没有把相关数据吸收到大脑里。也许，你之所以把钥匙忘在柜台上，不是因为你的记忆机制没有工作，而是因为你在本该拿钥匙的时候把注意力放在了手机上，"忘记"了拿钥匙。我们稍后将在本书中看到学习的这个步骤有多重要，它不仅与你是否专注于学习有关，而且与你专注于学习时的心理状态有关。

大脑学习的第二个方面是信息综合，即大脑是如何分析、处理、操纵和理解你在吸收阶段摄取的信息的。实际上，大脑在不断解读周围的世界。它必须这样做——每一种感官都在持续面对铺天盖地的信息洪流。大脑的工作是不断筛选和过滤信息，确定每一种信息的含义，将重要感觉放在上下文中解读。

即使在阅读这段文字时，你也需要小心地忽略大量感官数据，以关注你所感兴趣的少数感觉。你的大脑一定在高速运转，以便解读这些随机黑色符号的含义，进行筛选分类，访问记忆库，以理解眼前的词语，比如"记忆"和"库"这两个词语，并在头脑中为其创建图像。综合意味着为信息赋予含义和重要性，使你的大脑理解这些信息。

回到国际象棋的例子。当别人向你解释规则时，你需要专注地倾听。不过，到了某个时候，你的大脑需要将所有信息组合起来。你可能会思考能否以某种方式移动马和车，或者两个棋子在某种棋盘布局中相遇时会发生什么。此时，你开始真正理解你所吸收的信息。你在头脑中思考这些规则，考虑它们适用的场合和方式，研究游戏的限制条件，试图真正理解可能的"走法"。

当然，国际象棋是一个简单的例子，但我们大家一直在做类似的事情，不管是下国际象棋还是学习更加复杂的"游戏"，比如如何通过考试，如何填写纳税表格，如何根据已知的交通拥堵情况选择最佳进城路线。没有综合的吸收相当于信息从左耳入再从右耳出，而没有吸收的综合则是不可能的。

大脑学习的最后一个方面是信息保持（即记忆）。实际上，如果我们对于自己掌握的专长没有任何记忆，那么我们并没有真正学到什么东西。面对棋盘，你需要回忆每个棋子的所有走法、你过去下过的棋以及你从中吸取的所有经验教训。没有这种知识，你就不能有效地下棋。实际上，如果你在学习之后不能随心所欲地将学习内容回想起来，那么任何技能和知识都是没有用的。没有综合的记忆意味着你可能在使用不正确的信息。

所以，学习可以归结为吸收、分析和记忆这三个重要方面，我们很快就要对其进行详细讨论。每个步骤都有赖于其他步骤的合理执行。它们必须按顺序展开，否则后面的步骤就会根基不稳。记住，这本书关心的是海马在记忆环节的作用。我们还会考察神经可塑性，即大脑在学习和形成新记忆时改变和新建神经通道的能力。通过理解大脑在这方面的客观规律，我们可以改进学习过程，利用你已经拥有的大脑功能。

大脑基础知识

为了理解神经学习的性质，你最好了解大脑结构的基本概念。我们会说得简短一些——这种背景知识很重要，但你不需要知道原理，只要遵循本书后面的指导原则就可以了。你会看到，这主要是两个大脑之间的战斗。

大脑皮层大概是大脑最有辨识度的结构，就像我们在生物课本里看到的那样——它是类似于厚海绵的灰色物质。大脑皮层是思想、理智、语言和一般意识的处理器。我们也许应该为大脑每个部分分配一个角色。由于大脑皮层专注于分析思想，因此我们称之为"爱因斯坦"。大脑皮层还可以进一步划分出四个部分，即四个大脑叶。

- 额叶。大脑皮层前面的部分叫作额叶，负责处理推理、表达和身体运动。信息的综合在这里进行。
- 顶叶。顶叶位于大脑皮层中间，负责处理触觉、压力和疼痛等感官信息。信息的吸收在这里进行。
- 枕叶。大脑后面的部分叫作枕叶，负责处理双眼接收的视觉信息。信息的吸收也在这里进行。
- 颞叶。颞叶位于大脑皮层底部，通过初级听觉皮层解读声音和语言，并通过海马处理记忆。信息的记忆发生在这里。

大脑似乎拥有便于学习的所有组件。不过，别忙，我的话还没说完呢。大脑有一个重要部分，它在许多时候会主动损害我们的最佳利益。它就是边缘系统。

边缘系统很复杂，由许多部分组成，负责情绪、刺激和记忆等功能。我们常常希望关闭大脑中的边缘系统，因为它是大部分恐惧和焦虑的来源。因此，我们可以将边缘系统看作胆小如鼠、容易受惊、希望躲避所有人和所有事情的猫咪。当边缘系统受到惊吓时，你很难吸收、综合和记忆信息，甚至难以清醒地思考。边缘系统的重要组成部分包括：

- 丘脑。丘脑是左脑和右脑之间的一团灰质，负责传递感官和运动信号，帮助管理身体的生理节奏和功能，比如睡眠。它会干扰你的学习活动。
- 下丘脑。下丘脑位于丘脑下方，紧邻丘脑，负责控制人体对于饥渴、情绪、体温和自主神经系统的反应。如果太冷或者太饿，你还能集中注意力吗？
- 杏仁体。杏仁体位于大脑左右半球内部，是很小的椭圆形结构，是情绪、生存本能、记忆和性冲动的来源。学习和情绪并不能很好地兼容，因为二者都会占用注意力。

前面提到的海马也是边缘系统的一部分。海马的主要任务是形成并长期维持记忆。因此，我们可以把它比作以记忆力著称的大象。那么，为什么我们把海马和大脑中不利于生产力的部分归为一类呢？因为记忆不仅包含有意识的信息，它还会被下意识编码，包含大量情绪成分。

实际上，有效学习可以归结为两个大脑之间的战斗，即前额皮质和边缘系统之间的战斗。

前额皮质大概是我们"存在"于头脑中的主要部分，它是我们根据已有信息做出选择的有意识的分析成分。它是"自由意志"以及决策、规划、思想和分析等个性发展的中心。它是头脑的会议室。

前额皮质是我们根据既有目标组织行为和思想的地方。它通常与"执行功能"相联系，即做出判断和决策，制订策略，使我们的行为与"信念"相符，比如道德和价值判断（好或坏，更好或最好）、定性评估（相同点和不同点）、因果思维（采取某些行动以后会发生什么，预期后果是什么）和社会行为。我们用前额皮质预测股市涨跌，制订求婚策略，判断自己是否应该打扮成独角兽，确定午餐地点，等等。

在思考神经学习的可能性时，前额皮质是我们的出发点和落脚点。

遗憾的是，不是所有意图都能转化成行动，这显而易见。我们违背个人最佳利益的倾向源于另一个大脑。

我们的前额皮质一直在对抗大脑中的边缘系统——后者专注于恐惧、生存、需求、风险和欲望，下意识地支配我们的行动。边缘系统认为，现在是公元前一万年。虽然周围的世界已经发生了翻天覆地的变化，但是边缘系统并没有得到更新。

边缘系统一直在为我们放哨，这在理论上很好，但它也会造成不必要的限制。恐惧和焦虑会将你压倒，尽管你不希望这样——这是边缘系统和前额皮质没有取得恰当平衡的结果。前额皮质和边缘系统都很想为我们做决策，因此它们常常为了这一职责而打架。这就是你所熟悉的逻辑和情绪的冲突。

这种斗争使学习变得很困难。当前额皮质制定基于证据和逻辑的决策时，边缘系统会用情绪反应劫持这一过程。如果边缘系统战胜前额皮质的推理能力，它就会导致坏习惯的形成，或者使你根本无法吸收信息。

边缘系统在无意中制造的混乱之一就是"战斗或逃跑"的反应。每当大脑遇到可怕局面，需要决定是留下来面对问题还是逃离危险寻求避难时，"战斗或逃跑"的反应就会出现。这种反应来自几种不同威胁：迎面而来的汽车（逃跑），厨房炉灶火灾（战斗，但愿如此），咆哮的疯狗（二者均可），或者愤怒的岳父拿着猎枪敲你家房门（你自己决定）。

在突如其来的紧张局面下，身体会释放激素，通知交感神经系统，后者又会提醒肾上腺系统释放激素，促进肾上腺素或去甲肾上腺素的化学合成。这会使身体感受到某些生理状况（血压、心跳和呼吸频率上升）。在威胁消失 20 到 60 分钟后，身体才会恢复"正常"。

显然，"战斗或逃跑"的反应是一个人持续生存的关键——但它也有一些缺陷。最麻烦的是，它无法区分真正的威胁和我们感知到的威胁。是的，当疾驰的汽车穿过十字路口，向你直冲过来时，它会做出反应。不过，它也会对误报做出反应，使你对于虚幻事件产生持续恐惧：已经治愈的疾病复发，一群杀人蜜蜂出现，丧尸横行，钢琴从高楼坠下。这些事情并没有发生。边缘系统对于这些潜在事件的误判导致了恐惧的出现，它对极度理智的前额皮质产生了过度的影响。

此外，边缘系统中小小的杏仁体也会为前额皮质制造一些麻烦。和唤起生存本能的"战斗或逃跑"机制类似，杏仁体负责处理我们对外部刺激的情绪反应。根据丘脑通过新皮质发送过来的信息，杏仁体可以确定我们应该感受到的情绪，并为大脑提供大量激素。

到此为止，一切都很好。不过，当杏仁体将刺激看作威胁时，丘脑会完全绕过新皮质的过滤，将信息直接发送给杏仁体。这使杏仁体成为"战斗或逃跑"的现场仲裁者，常常导致情绪驱动型决策——这可能很糟糕（虽然不是每次都这样）。杏仁体往往会做出更具响应性而不是更加谨慎的反应。此时，我们会因为朋友或情人迟到 5 分钟而批评他们，或者去和侮辱我们母亲的人打架。

一个大脑想要帮助你，另一个大脑想要摆脱批判性思维和学习本能。不过，我们还没有触及记忆这一话题。

记忆基础知识

记忆当然与学习密切相关。如果记忆的存储系统存在于特定的神经通道里，那么学习就是要改变神经通道，使一个人的行为和思想适应新出现的信息。二者相互依赖，因为学习的目标是将新知识转化为记忆，而如果没有进一步学习的能力，记忆也就失去了意义。

记忆是我们存储和检索信息（也就是学习的本质）的途径，记忆的创建分三步。任何步骤的错误都会导致知识无法有效转化成记忆——你的记忆会很薄弱，或者感觉"我想不起他的名字，但他穿的是紫色的"……

- 编码
- 存储
- 检索

编码是通过感官处理信息的步骤。我们一直在编码，你现在也在编码。我们通过所有感官有意识或无意识地为信息编码。读书时，你在用眼睛为信息编码，但你使用了多少注意力和专注度呢？你投入一项活动中的注意力和专注度越高，编码的意识成分就越大——否则，你就是在无意识地为信息编码，比如在咖啡馆听音乐，或者在等红灯时观察眼前通过的车辆。

你投入的注意力和专注度还决定了记忆强度以及这种记忆能否从短期记忆转化成长期记忆。如果你一边看电视一边看书，那么你的编码可能不会特别深刻有力。

在你用感官接触信息并对其编码以后，接下来的步骤是存储。信息通过你的眼睛和耳朵以后会发生什么呢？这种信息有三个可能的去处，它决定了你能否有意识地知道记忆的存在。实际上，有三种记忆系统：感官记忆、短期记忆和长期记忆。

记忆处理的最后一步是**检索**，此时我们才会真正使用记忆。只有到了这个阶段，我们才能说自己学到了一些东西。你也许可以凭空将其回想起来，也可能需要通过提示才能唤醒记忆。其他一些事情也许只能按照顺序记忆，或者作为整体的一部分来记忆。例如，当你背诵字母表时，你需要先把字母歌唱出来，然后才能知道字母的顺序。通常，你在记忆的存储和编码阶段投入的注意力决定了检索这些记忆的难易。你不需要将大部分学习精力放在检索上 —— 你应该重点关注存储环节，研究如何将信息从感官和短期记忆区域转移到长期记忆区域。

想一想备考前的突击。你希望你所接触的信息在大脑里保留 24 小时左右，这意味着你需要超越短期记忆，当然也要超越感官记忆。你也许并不关心自己在年底时是否还记得法国大革命的知识，因此你会提升注意力和专注度，将这种信息存放在短期记忆和长期记忆之间的模糊地带。实际上，你

会反复阅读这些信息，使其在你的长期记忆中留下很微弱的
印记。

从某种意义上说，改进学习方法等同于提高记忆能力和
记忆效果——最好让你的记忆像海绵一样。不过，学习既要
增强记忆，又要避免遗忘。我们为什么会遗忘？为什么不能
记住某个知识点？我们是如何让某种信息从大脑中溜走的？

你知道，遗忘通常是存储过程的失败或缺陷——你想要
的信息只转化成了短期记忆，没有转化成长期记忆。问题不
是你无法在大脑中找到信息，而是这种信息一开始就没有深
刻地印在你的大脑里。

有时，我们很容易将遗忘看作学习的失败。记忆的检索
和访问通常有三种不同方式：

- 回想
- 识别
- 重新学习

回想是在没有外部提示的情况下想起某种记忆。此时，你可以按要求凭空说出一件事情——比如在白纸上写下世界各国的首都。当你能回想起一件事情时，你对它的记忆是最深刻的。你可能阅读了足够多的次数，或者给了它足够的重视，使它成为你非常深刻的长期记忆。当然，由于回想是最深刻的记忆等级，它通常也是最难实现的。要想接近这种水平，你通常需要几个小时的反复阅读和学习。在学习时，我们希望实现这一水平，但我们通常会满足于下一种记忆检索。

识别是在外部提示下唤醒记忆。此时，你也许无法凭空想起某件事情，但你可以通过小小的提示或提醒把它想起来。例如，你也许无法想起世界上所有国家的首都，但是如果有了首都的首字母或者某种与首都押韵的东西，你就很容易把它说出来了。死记硬背通常会得到这种结果。这也是助记术和类似记忆技巧的原理。我们知道无法通过多次重复扎实地存储和记忆如此众多的信息，因此我们将信息提炼成易于识别的提示。

重新学习无疑是最薄弱的回忆形式。此时，你只是在重新学习或回顾信息，而且每次花费的精力都要比上一次少。例如，如果你星期一阅读了国家首都名单，花了 30 分钟，那么你第二天应该花 15 分钟，依此类推。遗憾的是，这是我们每天依赖的主要方式。我们也许熟悉某一概念，但是没有进行充分的记忆，下次看到它时需要重新学习。当我们刚接触某一主题或者已将其大部分内容遗忘时，就会发生这种现象。在重新学习阶段，你还没有越过短期记忆和长期记忆之间的分界线。

在学习时，我们不仅要对抗薄弱的编码和存储，而且要对抗大脑尽快遗忘信息的自然倾向。

心理学家赫尔曼·艾宾浩斯（Hermann Ebbinghaus）提出的遗忘曲线概念很好地概括了这一点。下面是遗忘曲线的图像，来自 Wranx.com。

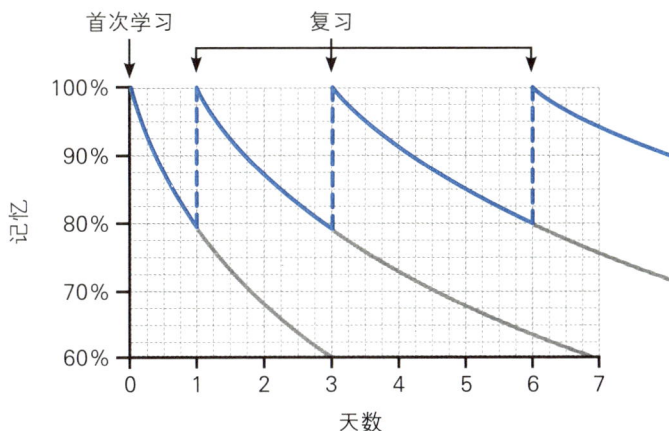

新近习得信息的典型遗忘曲线

　　图中显示了在没有努力将信息转化为长期记忆的情况下，记忆随时间的衰退和遗忘速率。如果你在星期一阅读法国大革命的知识，那么你在四天后通常只能记住一半，在大约一周后只能记住 30%。如果不复习，你所学习的法国大革命知识大概只能剩下 10%。到了某个时候，你也许只记得这件事和一个名叫拿破仑的矮个子有关。

　　不过，如果你复习并反复诵读，随着时间的推移，你可以保留更多记忆，如图所示。你可以让记忆水平重新回到

100%，使图像斜率变小，使衰退变弱。

你的学习目标是使遗忘曲线的斜率变小 —— 使之尽量趋近于水平线。这意味着衰退很小，它需要经常复习和诵读。

艾宾浩斯发现了记忆丧失模式，分离出了影响遗忘曲线的两个简单因素。首先，如果记忆强烈有力，对于当事人具有重要的个人意义，衰退速率就会明显变慢。其次，间隔时间和记忆持续时间决定了记忆衰退的速度和程度。这意味着我们对于遗忘没有太多办法，只能提出一些策略，为信息赋予个人意义，并且更加频繁地诵读。

你可以看到，有些事情不是话到嘴边一时想不起来那么简单，不是光靠冥思苦想就能想起来的。由于一些非常具体的原因，我们几乎不可能把学到的知识完全记住。

自从高中毕业以来，你大概还没有接触过这么多的脑科学知识吧！现在，让我们换换口味，谈一谈对于有效学习至关重要的心理因素。在这方面，学习成功金字塔是一种很好的总结，它从生物过程一直延伸到帮助我们实现目标的心理思维模式。

学习成功金字塔

具有传奇色彩的大学篮球教练约翰·伍登（John Wooden）也是一位精明的个人哲学家，他提出了"成功金字塔"概念。他将其制作成图表，用于指导学生走过个人生活和职业生涯成功道路上的 15 个不同阶段。

伍登的模型被教育家苏珊·克鲁格（Susan Kruger）等人借鉴，作为取得成功或成就的路线图。克鲁格提出了学习成功金字塔的概念，指出了确保终身学习成功所必需的因素。经过思考，克鲁格将伍登的 15 个模块缩减为三个：

- 自信
- 自我管理
- 学习

自信。 克鲁格金字塔的底部是对于我们拥有学习能力的自信。这是一个无法绕过的前提条件，它和大脑化学存在一定联系。

如果一个人感到受伤或者不受信任，抑或面对抑郁、紧张、困难的个人问题或者恐惧，他就不会有帮助他学习的剩余资源。我们不会有真正用于学习的剩余资源，因为我们需要面对没完没了的焦虑和紧张。在极端情况下，它会使你的大脑转变成"战斗或逃跑"模式。例如，有人对公开演讲感到极度恐惧，连话都说不好。所以，自信对于学习很重要。

如果你在这方面表现不佳，你应该善待自己，想办法证明你的学习能力。到目前为止，你已经在生活中从无到有地学会了许多东西。你可能感觉自己很无知，或者自己不够好——这也许是真的，但它只是暂时的状态。

凭借坚持和偶尔的刻苦，你可以掌握任何科目。下定决心，不要放弃。去制订学习计划。即使需要花费许多时间，你也不要气馁。在前进过程中，你可以衡量自己的进度。

如果彩虹尽头有一罐金子，但是你认为自己无法抵达那里，你就会觉得这件事没有意义。不过，如果你相信自己能够做到，这种信念就能帮助你度过消沉时期。自信对于学习非常重要，它也是你阅读本书的动力。

自我管理。学习成功金字塔的第二层是对自己的时间、资源、工具和沟通进行组织，以确保有效学习。和之前一样，这一过程是由大脑对于新信息的处理决定的。

在情绪中心处理完新信息以后，接下来接收数据的结构是前脑，即前额皮质。它有点像我们的个人助理，负责实现运动功能、记忆、语言、解决问题、冲动管理、社交行为以及其他一些认知能力。当前脑使用过度时，我们会感到疲惫，无法完成任何事情。这种现象被称为自我损耗（它最近已在某种程度上被推翻，但有一点是不可否认的：你面对的事情越多，你就越疲惫，投入当前事务中的注意力和精力就越少）。

对抗这种"脑力流失"的最佳途径是研究自我管理技巧，

尤其是组织技巧。这意味着在任何任务开始前花费许多时间设计系统、规程和行动，使任务更容易得到持续执行。准备常常可以决定成败，所以一定不要着急。由于传统教育倡导严格的时间表，因此这种技巧可能没有得到开发。不过，既然我们必须同时担任学生和老师的角色，我们就不能忽视它。

这意味着在一开始就要设置框架，详细规定执行过程。如果你在自学外语，你应该列出需要使用的书籍和网络音频资源。你也许应该列出练习和自我测试的方法——比如使用网上录音机或智能手机。到了课程结束时，你可能需要将大量英文文本翻译成你所学习的语言。

这个步骤看起来可能有点麻烦，尤其是当你很想立即开始学习时。不过，在学习过程中，它可以为你节省大量时间，帮助你学到更多东西。当你想要改进学习效果时，自我管理是很重要的，因为当你把马儿牵到水边时（当你找到资源时），马儿必须自己喝水（你必须亲自行动）。

学习。终于说到学习了。这是学习过程的第三步，也是最后一步。有了合适的自信和自我管理以后，你已经为学习做好了准备。

其实，学习本身并不困难。大多数人错误地认为，他们应该从第三阶段入手，而不是首先解决自信和自我管理问题。他们试图学习俄语或法语，但是他们不相信自己能学会，而且没有制订全面的学习和进步计划。这种学习又有什么希望呢？如果能克服学习金字塔上的障碍，或者至少对其进行处理，学习就有了可能性。

画重点

- 为了更好地学习，我们需要利用我们已经拥有的学习脑。为此，我们需要理解大脑所偏爱的信息接收和处理方式，而不是像填充小丑车一样将信息塞进大脑里。实际上，我们有两个大脑，它们一直在相互对抗。它们分别是帮助我们学习的前额皮质和剥夺我们感官的边缘系统。当然，这个问题对于行为的影响远远超过了对于学习的影响，但它是我们探索神经学习的第一站。

- 归根结底，我们可以通过脑生理学确定三个主要的关注领域：信息吸收（即处理和摄取信息）、信息综合（分析、理解和赋予意义）以及信息保持（记忆和编码）。

- 对于最后一项，即记忆，我们探索了创建记忆的三个步骤，即编码、存储和检索，其中任何一个步骤的缺失都会加快遗忘速率，使你觉得你并没有学到什么东西。

- 在探索大脑拥有的技能之前，我们简单考察了学习的心理前提，它可以用学习成功金字塔来概括，其中自信（我能做到）和自我管理（制订行动计划）对于有效学习是至关重要的。我们甚至可以说，它们是学习的前提条件。如果你不能制订针对挪威语的整体学习计划，不相信你有能力掌握挪威语，你又怎么能学会挪威语呢？

第二章　信息吸收

让我们更加详细地考察学习的三个要素，从信息吸收开始。这个阶段看上去可能很简单，但却非常重要。不过，它经常被人忽视。

许多人理所当然地认为，我们为眼前的事物赋予了优质而完整的注意力，事实果真如此吗？在学习新事物时，我们必须确保自己处于能够"看到"这个事物的良好状态，以便为自己提供最大的成功机会。至于理解和记忆，那都是后面的事情了。第一步是确保我们充分接触新信息，这可能也是最重要的一步。这涉及专注时间、精力和兴趣水平（有时），甚至还包括足够的视力和听力。就连视力受损这种最基本的事情也有可能从一开始为学习过程埋下隐患。

举一个最简单的例子。如果你在考试前学习，不要把手机放在书桌上。你可能在"看书"，但你的注意力是分散的，一部分注意力放在了手机上，另一部分注意力可能在户外的噪音上，在房间角落的电视上，在咕咕叫的肚子上……即使你在专心读书，这些事情仍然位于你的视线范围内，占据了大脑的一小部分"带宽"。你的大脑也许把它们放在了后台，暂时不予理会，但是你此时根本不应该思考这些事情。

由于不断分散注意力，关注手机信息和通知，你在一定程度上打断了学习过程，这让你随后无法回想起你所阅读的全部内容。毕竟，如果你没有在第一次学习时恰当地摄取信息，你怎么能在回忆时将其完全想起来，或者将其应用到现实生活中呢？

分心是学习的死敌。如果你能在完整的 10 分钟时间里将注意力集中在新的刺激上，它就比一个小时散漫而心不在焉的学习更有价值。我们需要认识大脑的局限性，不要故意进行自我破坏。

大脑的一个局限是，它不能将那些没有被有意注意力恰当感知的事物存储在记忆里。为解决这一问题，我们可以有意减少分心，减弱分散注意力的趋势，将注意力完全集中于我们希望吸收的信息上。让我们考察一下大脑的极限，看一看有什么应对方法。

减轻负荷

我们对于走神并不陌生。总体而言，关于这方面的建议可以总结成"眼不见，心不烦"的格言。所以，我们不会在这方面花费太多时间。你不应该在复习笔记的同时观看电视上的重播。

大体而言，大脑的极限与我们为自己施加的认知"负荷"有关，这被称为认知负荷理论。换句话说，认知负荷是工作记忆系统为处理新信息而付出的精力。书桌、工作台和厨房台面的空间是有限的，类似地，你的工作记忆容量也是有限的，你需要学着适应这种局限性。

当你在书桌或饭桌上摆放太多东西时，你的工作空间就会变小。最终，桌子上的东西会掉下来。这里的喻义是，认知工作空间超载具有类似的效果，会对学习产生不利影响，或者加快遗忘速度。如果你处理眼前信息所需要的资源超过了你实际拥有的资源，你就无法学习或理解眼前的资料。

所以，在优化工作记忆时，我们的目标是减少整体认知负荷，或者至少确保这种负荷不会超载。幸运的是，有许多方法可以绕过这些天然的限制条件，而你的大脑已经知道了其中的一些技巧。

认知负荷可以分为三种：内在负荷、外在负荷和增生负荷。它们共同构成了加在工作记忆之上的总体负荷，就像散落在工作台上的不同工具一样。

内在负荷是当前任务的属性，可以理解为任务的困难等级。基本的算术运算具有较低的内在负荷，更加复杂的微积分和工程问题具有更大的负荷。换句话说，具有较高内在负荷的任务就像书桌上的大部头一样，不会为其他事情留下太多空间，具有较低内在负荷的任务则更容易管理。

为降低内在负荷，你需要想办法将教材简化成更容易理解的小块内容，或者划分成更容易掌握的序列和片段。换句话说，你要化整为零！庞大的负荷很难处理，但你可以将其拆解，一次处理一小块内容。将段落切分成小段甚至句子。先关注图表或图像的每个部分，或者总结出简单的示意图和提纲，以解释更加复杂的过程。寻找现成的例子，作为回答的样板，或者用具体例子清晰说明当前的基本规则。这样可以减轻你的认知负荷，使你更容易吸收和理解具有挑战性的文本。

例如，某人可能想要记住光合作用化学过程的众多复杂步骤。整个过程看上去当然很难掌握，但是如果将其分解成小块内容，你就比较容易处理了。你可以一次只学习光合作用的一个部分，查看只显示最简过程的图表。接着，你可以将各小块内容放在一起，分析它们之间的联系。记忆多个小块内容比记忆一大块内容要容易一些。其实，几乎所有科学研究都是以这种方式进行的——对于较小元素的理解可以帮助我们掌握更大、更复杂的系统。

外在负荷不是任务本身的特征，它与任务的呈现形式有关。数据会以许多不同形式进入大脑，就像计算机可以把图像保存成 jpeg 或 pdf 格式的文件一样。你可以用方程、图表、段落、讲座甚至形意舞来表示某个概念。自然，一些形式更容易理解，一些形式更适合你本人。

你是否遇到过很差劲的老师或教材，他们对于你的理解起到了反作用？这是高外在负荷的经典案例。即使某项任务的内在负荷很低，高外在负荷也会影响你对教材的吸收和理解。无能的教师会以杂乱无章的方式呈现各种概念。过于混乱的笔记、教科书以及充斥无关冗余信息的教材也具有很高的外在认知负荷。

此时，你能做什么呢？你应该快刀斩乱麻，积极主动地进行简化，降低这种负荷。如果情况允许，你应该改变形式。例如，某个学生可能想要学习某个数学概念，但是每次阅读过时的教科书都会使她感到更加困惑。她可以放弃教科书，转而求助于简短的网上解释视频或者不同的傻瓜式学习参考书，甚至可以向理解这一概念的其他同学借阅笔记或寻求帮助。这样可以免除浪费在不良教材上的漫长而痛苦的学习过程，从而直奔主题。

减少外在认知负荷的另一个建议是采取"无目标"态度。只关注自己目前的状态以及如何进入下一状态，不要过度强调你想要抵达的最终阶段（即目标）。这尤其适合分阶段的数学和编程问题。暂时维持松散的无目标状态，只关注眼前的潜在选项空间，不要急于求成，试图一下子解决目标问题。

探索相关成分。考察不同函数，对于它们的运作方式提几个问题，按步骤行动。当你专注于特定结果时，你的视角会受到很大局限，忽略那些可能帮助你理解问题的全新角度。暂时的无目标态度可以卸掉你的压力，使你更加清晰地观察眼前的局面。

在学习某种知识时，如果你感觉学习内容困难而复杂，那么它可能具有较高的内在负荷。相反，如果你感觉书中的解释混乱而没有道理，这可能是外在负荷的问题。对于二者的区分可以帮助你确定采取哪种策略——用分块和分节策略降低内在负荷，用无目标策略降低外在负荷。

最后是第三种负荷，即增生认知负荷，它是你将不同信息整合成单一概念（即架构）需要付出的努力。我们将在下一节讨论分块时探索这种负荷。

说了这么多，结论只有一个：虽然我们的记忆在某些方面很出色，能够做出惊人的壮举，但它通常很脆弱。有时，学习新知识会使我们忘记之前知道的事情（或者说忘记我们认为自己知道的事情）。

在《实验心理学杂志：学习、记忆和认知》（*Journal of Experimental Psychology:Learning,Memory and Cognition*）发表的一篇报告中，研究人员发现了一些证据，证明记忆检索是一种辅助"日常遗忘"的过程。不过，我们不必为此担忧。大脑完全有理由这样做。旧有信息可能干扰更有用的新信息。例如，回想你上周遇到的某个有趣的人，你的大脑可能记得所有相关信息——他的名字，你是否喜欢他，他的言谈举止。不过，你可能不会留意他的袜子颜色或者你遇到他的准确时间。

《自然-神经科学》期刊发表的一篇研究报告显示，如果两种思想互相冲突，大脑在检索时会遇到麻烦。为解决这一问题，大脑用抑制机制来压制其中一种思想，这通常意味着旧有记忆衰退，新记忆得到加强。每次回想"目标记忆"时，你都会进一步压制那种存在干扰的记忆，从而改变你所记忆的过去。这是你所希望的适应过程。实际上，有一种非常罕见的超忆综合征，患者无法忘记任何事情——至少，他们的生活变得相当复杂。

不过，以这种方式遗忘一件事并不意味着这件事永远消失了。有时，你在外出时突然遇到一个面熟的人，但是你怎么也想不起来他是谁，你是怎么认识他的。过了一段时间，你也许能想起来，但这并不容易，因为这个人并不在他通常所在的"位置"。也许他在健身房工作，你每天都能在前台看见他。在这里，你可以毫无困难地想起他是谁。不过，当你突然看见他在陌生的地点行走时，你的大脑会一片空白。

　　这说明，检索对环境的依赖性很高。你可能拥有超乎想象的大脑存储空间。不过，只有在你形成这些记忆的地点，你才能访问这些空间。我们稍后会更加详细地考察如何使用这种知识。

　　你的大脑与计算机不同，不是以线性因果方式运行的。它不是编程的结果，而是进化的产物，是一个有生命的流动实体，有许多古怪和独特之处。不过，大脑和其他有血有肉的生命物质类似，存在严重的局限性，我们必须考虑并顺应这一点。

　　认知负荷的另一方面是我们的持续专注时间。学校里的一节课可以持续一个小时以上，但是人类并不善于长时间关注一件事情。在生理层面上，我们适合短时间关注几件事情，而不是只关注一件事情。当然，我们可以将其归结为遇到危险立即逃跑的生存习性。由于这种生理特性，我们的专注时间很短。我们必须在学习中考虑到这一点。

　　许多学者对于人类专注时间的具体长度进行了研究。在一项早期研究中，科学家注意到，在授课过程中，学生的笔记质量呈下降趋势。由此，他们提出，人类的专注时间是 10到 15 分钟，过了这段时间，我们很难专注于眼前的信息。

另一项研究是让受过培训的观察员观察学生在课堂上的走神现象。他们在三个位置发现了走神高峰：最初的"启动"阶段、上课后的 10 到 18 分钟以及快要下课时。实际上，他们发现，到了最后 10 分钟，学生每三四分钟就会走神。他们的结论是，人的注意力随时间下降，而且在开始时有一段适应期，此时我们很容易走神。

在第三项研究中，研究人员向学生提供了计数器，学生在发现自己上课走神时需要按下计数器。这一次，研究人员让学生进入三种不同的课堂。一些学生需要听讲座，一些学生需要关注讲台上的演示，还有一些学生需要参与问答。不管参与哪种课堂，每个学生都领到了计数器，上面有三个不同按钮。一个按钮用于记录不到 1 分钟的走神，一个按钮用于记录 2 到 4 分钟的走神，另一个按钮用于记录超过 5 分钟的走神。研究人员根据学生参与的讲座或演示为数据分类，以观察课堂风格对学生注意力的影响。

他们发现，走神现象比之前人们估计的 10 分钟要快。走神高峰出现在学生进入教室 30 秒后、"启动"阶段、上课 4.5 到 5.5 分钟、上课 7 到 9 分钟以及上课 9 到 10 分钟。随着时间的推移，学生的整体注意力继续以这种模式起伏，但是临近下课时的走神现象更多，每 2 分钟就可以观察到走神高峰。

这项研究最有趣的发现在于，科学家注意到，演示和提问教学模式的走神现象要少得多（这对下一章很重要）。当学生不是被动听讲，而是更加主动地参与到课堂中时，他们更容易专注，专注时间也要长一些。如果在听讲座之前上一节演示和提问模式的课，学生会更好地听讲，专注时间更长，走神也没有那么频繁。主动学习似乎可以吸引人的注意力，使其更好地迎接随后更加被动的学习过程。

简而言之，人类的专注时间短得可笑。不管这些研究和数据多么简陋，研究人员至少有一个清晰的共识：人类的专注时间只有几分钟。所以，用几个小时甚至整个晚上的时间将信息塞进大脑的做法根本行不通。我们需要认识到，人不能像机器一样运转。通过更加频繁的休息，我们可以规避这种局限性。

为理解认知负荷理论和内在、外在负荷，最简单的方法也许是将大脑比作肌肉。任何肌肉都有局限性。那么，如何制订节奏，以实现高效学习，避免过劳呢？你可以调整三个元素，以确保你的负荷处于可控水平。这三个元素是：强度、频率、持续时间。

同轻松简单的学习相比，高强度和高难度学习会更加迅速地消耗你的能量。类似地，每次学习都会消耗能量，更加频繁的学习会更加频繁地消耗你的能量储备。此外，你学习的时间越长，每分钟消耗的能量就越多，不管你所学习的教材有多简单。因此，长时间学习必然会消耗许多能量。

强度、频率和持续时间都需要管理。你可以为每个元素分配 33 个能量单位，但这会将你的能量迅速用光。

强度与学习内容的难度有关，但它常常是由你在指定时间段里花费的精力决定的。阅读的强度不高，模拟测试的强度很高。你还可以用它来衡量你的预期——如果你想得过且过，学习强度就不会很高，但是如果你想追求完美，你就需要付出更多精力。你的预期越低，压力水平就越低，学习过程也会变得不那么累人。

在设置进度预期时，学习频率是你需要考虑的第二个因素。每次学习都会消耗能量。学习内容越困难，每次学习消耗的能量就越多。如果你想把所有空闲时间都用在学习上，结果就会事与愿违，因为你的头脑可能没有必要的空闲时间和空间，无法将新知识转化成你自己的知识。头脑的运转是需要休息的！如果你感到很疲惫，无法思考任何事情，这说明你的学习频率可能太高了，你应该将节奏放慢一些。

持续时间呢？我们已经知道，我们的专注时间很短。所以，你还需要特别关注这一点吗？不需要了。

例如，如果你只关注强度和频率，你可以每天进行高强度学习，同时使头脑和身体得到休息和适当的恢复。要想延长学习的持续时间，你需要降低强度或频率——比如每三天两小时。为头脑留出它所需要的空间，你会得到你所希望的结果。

你也许很拼，但你的头脑跟不上。你必须在管理自己的学习时记住这一点，并在规划学习时间时考虑到这一点。

随着时间的推移，你会发现自己的舒适区，知道自己在一次学习中强度不至于太高、频率不至于太高、时间不至于太长的范围（后面介绍耶基斯-多德森曲线时还会用到这一概念）。此时，你可以对三个因素做出平衡，以避免疲劳损伤，同时实现最佳学习效果。

记住，你的教材越复杂，学习这一科目需要花费的时间就越多。每次学习的时间越长，你需要在两次学习之间留出的处理和吸收时间就越多。你可以将强度、持续时间和频率中的二者相结合，但是切勿将三者相结合。你应该学得聪明一些，而不是一味蛮干。

化整为零

减少大脑负荷的另一种途径是为信息"分块"。这个概念很简单：如果你有十个项目，将其分成两组，每组五个，你的大脑每次需要吸收的项目就会变少，尽管信息总量仍然保持不变。这样一来，回忆会变得更容易，你的认知负荷也会降低——这意味着如果愿意，你可以投入更大的学习精力。实际上，这就是认知负荷理论第三点——增生负荷——的原理。

分块可以使你更加清晰准确地感知数据，它是突破大脑处理能力极限的巧妙途径。实际上，许多擅长获取专业技能和学习复杂知识的人也许就是以这种方式学习的，尽管他们可能不知道这一点。至少，他们已经摸索出了这种方法。当你第一次学习阅读时，你也在做同样的事情。你意识到，字母可以组成单词。你先学习字母，然后将它们组合成单词。熟悉单词以后，你意识到，这些单词又可以组合成句子，句子又可以组合成完整的故事。

在这个过程中，上一层级组合而成的结构成了下一层级的基本单元。熟练的读者不再关注每个字母，甚至不再关注每个单词。当你阅读这里的句子时，你的大脑不会费力地承担起处理每个字母的认知负荷——尽管这在某些时候非常困难。我想说的是，任何领域的专家都可以用同样的过程极为高效地处理各种任务，包括记忆。

乍一看，这些专家可以处理无数细节，完成惊人的壮举。实际上，他们只是构造了巧妙的信息分块层次结构，这意味着他们的大脑并没有承受太重的负担。经过时间的积累，真正的专家似乎可以毫不费力地运用他们所精通的技能，甚至可以将其变成直觉或下意识行为。

所以，从理论上说，只要理解这一过程，进行长时间的练习，将这些组件理解透彻，任何人都可以达到出神入化的境界。你需要理解你所面对的组件，知道它们的联系。然后，你需要对这些组件进行练习或训练，使之成为你的本能。

分块当然可以降低认知负荷，而对于分块方式的思考也有助于信息综合和记忆——实际上，人们常常以记忆为着眼点。这很巧妙。让我们看一看你在个人生活和学习中的一些具体分块方法。

最简单、最明显的分块方法是将一定量的信息转化成较少的信息，这通常是通过分组、分类和模式寻找实现的。这些方法可以改变你观察当前信息的视角，是降低认知负荷最基本、最有效的途径。

分组。例如，你永远不会把出生日期写成 03161986 的形式。相反，根据不同的分组方式，你可以写成 03/16/1986 或 1986 年 3 月 16 日。你可以把一串随机字母 IKNOW-THISISRANDOM 解读成 I KNOW THIS IS RANDOM。你对信息进行了武断的分组和划分，使之变得有意义。

分类。你可以对购物清单等事物使用同样的策略，比如根据用途、菜肴或食物种类为各项目分类。例如，一份清单上有八个项目：番茄、大蒜、橄榄油、碎牛肉、酱油、芥末、生鱼片、生姜。实际上，它们明显可以分为两类：意面酱和寿司。

模式寻找。在用模式分块时，你所寻找或使用的规则需要适用于你想要降低负荷的所有信息。你甚至还可以预测这个信息集合未来会发生什么情况。

分块并没有这么简单。还记得吗？分块本质上是降低记忆负荷，而降低负荷的另一种途径是用长期记忆项取代短期记忆项。为什么用本国语言记忆词语比用外国语言记忆词语要容易？这是因为，当你记忆像"狗"这样的词语时，你在构建这个词语的长期记忆。如果记忆像"jarlket"这样的无意义词语，你需要付出更大的精力，因为你首先需要通过工作记忆将其分解成字母。

你的长期记忆容量很大，工作记忆容量则相对较小——如果把前者比作大型图书馆或数据库，后者就是小小的书桌。你存放在图书馆里的东西越多（需要使用合理的存档方案，以方便随后的检索），你的工作记忆空间就越大，你能记住的东西就越多。你需要将技能、信息或感知压缩成很小的子类，然后学着随心所欲地检索整个类别。

　　首先，确定和掌握你想要学习和记忆的子技能和信息单元。你不能一下子学会弹钢琴——你先要精通音阶和乐谱。你不能一下子学会下国际象棋——你先要掌握棋子的走法，学会判断形势，然后才能欣赏完整的棋局。类似地，不要试图一下子掌握大脑解剖学。相反，你先要了解每个区域，熟悉每个神经元的工作方式。这就是所谓的事先培训，它是学习过程的重要组成部分。一般而言，将事物分解成更小的单元有助于学习，而且可以为你提供打造组件所需要的合适材料。

　　通常，某个主题的难度源于不完整的事先培训。如果你觉得三角几何难学，这可能是因为你没有掌握基本几何。如果你没有接触过一些基本的生物学概念，你可能会觉得遗传学课程很难。备受欢迎的助记技巧是分块的绝佳案例。如果你需要记忆一组单词或名字，你可以记忆每一项的首字母，然后对其进行排列，使之成为更容易记忆的单词。此时，你不需要记忆所有单词，只需要记忆一个单词。另一种技巧是按照有意义的类别为这些项目分组。如果将一组动物划分为三种鸟、三种鱼和三种哺乳动物，记起来就会更容易。

另一种很棒的技巧是将信息"映射"到旧有记忆之上。例如，你想要记忆一系列复杂事件，以应对历史考试。你可以将每个重大事件对应于家里的某个房间。你永远不会忘记在家里走路时经过的房间顺序，所以只要为合适的事件分配合适的房间，你就可以按顺序记忆这些事件了。你可以为每个房间的项目分配一些关键点。例如，在记忆发表于 1830 年的重要著作时，你可以将这种信息与厨房里的长期记忆叠加在一起。你可以将著作与储藏室里的猪肘相联系，将 1830 年转化成 18 点 30 分——那通常是你晚上吃点心的时间。

分块的方法是无穷无尽的。实际上，某种分块或关联越是蕴含感情，越是具有个人意义，效果就越好。大脑很容易记忆故事、关联、复杂的叙述以及类似的事情，但却难以记忆没有任何逻辑联系的无意义事物。所以，你应该尽可能地分块，为大脑提供帮助。

健康的大脑

最后，要想优化大脑功能，恰当地吸收信息，有一点不能忽视，那就是大脑的实际健康状况。这可能是显而易见的，但是许多人有时会忘记这一点。如果用于吸收新信息的工具状况不佳，其效率就会受到影响，即便使用再巧妙的学习技巧也无济于事。如果你经常把咖啡洒在笔记本电脑上，一段时间以后，电脑可能就不太好用了，甚至可能彻底坏掉——不管电脑上安装的软件多么优秀。

保证充足的睡眠、坚持锻炼身体和合理饮食是保持健康的好方法。身体健康了，大脑自然也就健康了。此外，还有一个特别重要的因素：压力。第一章对此有所讨论。要想理解为什么管理和缓和压力如此重要，我们需要理解思维大脑和反应大脑之间的差异。思维大脑即前额皮质，负责有意识地吸收和处理信息。反应大脑负责对这些信息做出不假思索的本能反应。

思维大脑负责思考，可以处理和过滤不断涌入的无数信息。重要的是，思维大脑只占总认知的 17% 左右。当思维大脑掌握控制权时，它会对信息进行过滤，使你可以镇静、理性、从容地面对这个世界。你可以对信息进行控制，使部分信息无法抵达前额皮质，这本是一项艰巨的任务。

当你的压力水平很高时，当你焦虑、暴躁、悲伤时，外来信息会经过反应大脑，而不是思维大脑。此时，你会忽略不愉快的感受，或者对抗这种感受，或者逃避。你不是在真正处理信息，而是在对其做出应激反应。有时，你的情绪很消极；有时，你的行为可能不符合你的最佳利益。

所有的新信息和新记忆都必须首先经过大脑的情绪核心，即边缘系统。在这里，杏仁体和海马根据你的情绪状态确定信息的前进方向。负面情绪会占据大脑的大量资源，使你进入求生模式。在求生模式里，你无法摄取新信息。

另一方面，当大脑快乐而平静时，杏仁体会将信息导向高级的思维大脑，实现更加清晰有效的学习。所以，你应该注意自己的情绪状态，努力保持平和镇静。深呼吸、形象思维和反思可以帮助你暂时摆脱压力。当人们平静而快乐时，他们的学习效果比较好——所以，要想改善学习效果，你首先应该花点时间调整心态。

实际上，每个人都有一个最能调动积极性的压力和兴奋水平。事实证明，零压力未必是一件好事。

在这个最优水平上，你警觉而投入，但是不会过度紧张。你的目标稍微偏离舒适区，但是并非完全无法实现。假设你的任务是写一篇关于海龟的论文。由于某种机缘巧合，你刚好是海龟专家。你相信自己有能力回答关于海龟的问题。你目前的兴奋水平能够激发你的斗志吗？大概不能，因为这太容易了。你会把它放到一边，因为你觉得它很无聊。如果论文主题是古希腊罗马摔跤呢？此时，你会过度紧张和担忧。

在这两个例子中，我们处于低动力区域，要么过于紧张和兴奋，无法发挥正常水平，要么紧张和兴奋的程度不够，对论文不屑一顾。这两个极端之间有一个甜蜜点，此时你的积极性最高，可以发挥最佳水平。你有点紧张，但不会过度紧张。你很警觉，但不会承受太大压力。我们必须在这个甜蜜点上学习，否则就会落入两个极端。

这个甜蜜点是由罗伯特·耶基斯（Robert Yerkes）和约翰·多德森（John Dodson）在 1908 年定义的，用于理解人们何时能够取得最佳表现。他们设计了一个倒 U 形图像，即耶基斯-多德森曲线。根据这条曲线，当我们对于任务缺乏兴趣时，我们的表现很糟糕。随着兴趣的增长，我们的表现越来越好，直到抵达甜蜜点为止。过了甜蜜点以后，更多的兴奋会成为一种阻碍。此时的压力会削弱我们的能力，我们的表现和积极性也会受到影响。

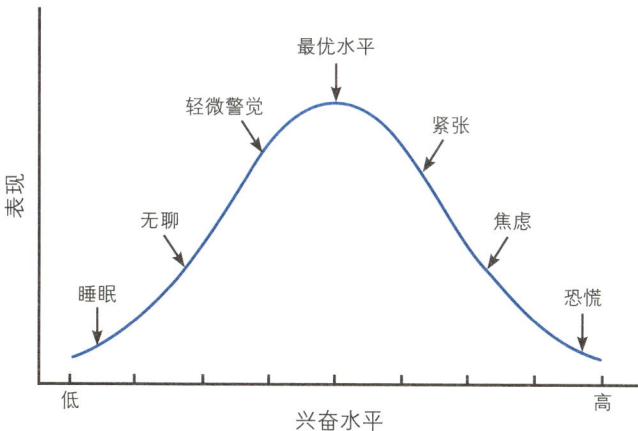

耶基斯-多德森曲线

图像由 ResearchGate 提供

过度紧张的大脑处于危机模式。完全没有压力的大脑处于休假模式。二者均不利于大脑发挥正常水平。

混合风格和媒介

改善信息吸收的最后一环是以各种不同的风格、媒介和形式呈现信息。

关于学习，大约有 150 万种不同的风格、方法和媒介，每一种都有自己的支持者和支持性假设。学习金字塔也许是你听说过的最声名狼藉的一个了（是的，它也被推翻了）。另一个是不同大脑半球拥有不同功能的传说，比如右脑负责发挥创造性潜力，左脑负责处理逻辑任务。这种说法也被推翻了。

在现实中，这很令人欣慰，因为它意味着信息仅仅是信息而已，与呈现形式无关。我们不需要仅仅为了优化学习而使用特别的公式或技巧。信息的具体吸收途径并不会影响到你对信息的处理。

同时，我要提出一个重要警告。

不同风格和媒介的观念仍然很有用，因为学习可以归结为你的专注度以及你所投入的注意力，它们决定了你能吸收多少信息。在学习某一主题时，你可以听讲座，可以看书。不过，如果你在看书时不断开小差，那么你也许应该去听音频课程，不管你想要学习的是什么。

关于学习风格、策略和媒介，最重要的一点是，哪种形式能让你集中注意力，哪种形式的学习效果就是最好的。当学习变得单调乏味时，它也就失去了效率。因此，我们会探索一些不同的信息吸收途径。归根结底，你应该选择最适合你的形式，不管它是被推翻的传说还是得到科学证明的理论。只要有结果，你的选择就是合理的。

我们会谈论两种学习模式，它们包含了多种接触信息的途径。首先是关于学习风格和偏好的所罗门-费尔德指数。该指数创建于 1996 年，包含 8 种信息吸收途径。还是那句话，我的目的是为你提供不同工具，供你选择，不是将某种策略置于其他策略之上。也许你会发现，你已经使用了其中的一些风格。你可能会有意识地跳出旧有模式，在下次学习时使用相反的风格。

下面列出了这些风格，我们会更加详细地讨论它们。一些风格看上去与其他风格相反，但这并不意味着你无法在两种或所有风格之间找到联系。

- 主动和反思
- 感受和直觉
- 视觉、听觉、读写和行动派
- 顺序和全局

主动和反思。主动型学习者通过行动获取知识。他们不断将所学知识付诸实践，或者与其他人进行交流、解释和辩论，以便与知识互动。反思型学习者更愿意先对他们所学的知识进行思考，在头脑中进行分析整理，然后再付诸行动。简单来说，主动型学习者的格言是"让我们行动吧"，反思型学习者的格言是"让我们深思熟虑吧"。

以木工为例。主动型学习者会拿到他们需要的所有材料，通读一些基本操作指南，然后支起桌子。他们会通过试错学习很多东西：木器表面抛光，切块，将其组合在一起，看看效果如何。反思型学习者在读完操作指南后可能会停下来，思考几何策略，分析他们可能使用的不同涂料和染色剂，进行更多的思想规划，以理解他们想要实现的效果。只要不耽误太长时间，这种思考就是合理的。

感受和直觉。这组学习风格分别对应"细节型"和"整体型"思想者。感受型学习者关注信息、记忆和传统学习风格——他们是务实派。他们关注任务中的具体元素，罗列和跟踪解决问题的具体步骤，特别注意问题的细节。直觉型学习者则关注某种技能的效果、关联和可能性。他们极富创意，希望通过新的角度理解不同概念之间的关系。他们并不总是关注细节，可能经常犯错，但他们对于当前目标有着深刻的理解，因此他们的视角很有活力，他们的思维更加抽象。

例如，在网页开发项目中，感受型学习者会关注代码的所有细节。他们一丝不苟地检查每行代码，以发现错误，做出必要的调整。他们知道脚本的具体细节，而且很可能知道如何迅速修正错误。直觉型学习者更加关注某些应用程序与代码的配合，以及各个组件在为整体目标服务时的相互联系。感受型学习者着眼于 HTML 代码、Javascript 和每个可执行组件；直觉型学习者着眼于网上商店的各个组件及其协同运转。

视觉、听觉、读写和行动派。这些风格在信息呈现形式上存在差异。顾名思义，视觉型学习者对于图片、图表、图像、绘画、电影、现场演示和其他视觉友好型媒介比较敏感。他们通过视觉学习。视觉型社会学学生通过图像学习人口分布。视觉型厨艺学习者通过教学视频学习煎鸡肉。

我们要对两种稍有不同的语言学习风格加以区分。听觉型学习者通过听说学习，比如参与讲座或讨论小组。如果教授能绘声绘色地讲故事，他们对于滑铁卢之战的掌握会更好。

读写型学习者则关注书面文字，通过书籍、研究报告和笔记获取信息。他们更喜欢通过书面报告和讲述的形式解释他们学到的东西。他们更愿意通过读书了解拿破仑在滑铁卢的失败。听觉和读写型学习者都很强调文字。

行动派学习者喜欢身体活动。他们需要运动。他们的肌肉是记忆的主要传输通道。他们往往擅长手眼协调、身体节奏和反应。显然，行动派学习者往往擅长运动、舞蹈和其他身体活动。不过，聪明的教师可以向行动派学习者传授更有文化的学科——比如鼓励他们将学习内容画成图表或速描（让他们动手）。

顺序和全局。这对学习策略与"感受和直觉"策略类似。顺序型学习者需要顺序和逻辑推理。他们以线性方式获取知识，一次获取一个知识点，每个知识点是前一个知识点的合理延伸。顺序型学习者遵循一系列有序的指导，一步步向前推进，最终解决问题。

全局型学习者则不那么系统。他们有如蜻蜓点水般地学习知识，不一定能描述所学科目的细节。他们往往从一个主题跳到另一个主题，起初可能并不知道各个主题之间的联系。

不过，他们最终会通过某种途径融会贯通。他们倾向于以更加偶然的方式学习，因此可以在不同思想和知识流派之间建立不同寻常的联系，以出人意料的方式解决更加错综复杂的问题。

例如，在学习如何成为更好的演讲者时，顺序型学习者希望按步骤前进。他们一次研究一个课题：写稿子，改变语气，使用肢体语言，判断听众的反应。他们以逻辑顺序依次研究演讲的各个方面，一次只处理一件事情。全局型学习者会置身现场，在实践中学习，而不是研究每个步骤。他们在人群中研究演讲，分析其总体技巧，对各个方面进行逐步微调，而不是分别研究每个课题。

通过积极的学习规划，你可以获得最好的成功机遇。什么能吸引你的注意力，什么就能使你实现最佳学习。

下面，我们看一看学习金字塔。学习金字塔是一种著名的视觉辅助工具，它根据学生使用每种策略能够记住的知识比例为所有学习方法排序。

学习金字塔显示，学生通过讲座可以记住 5% 的知识，通过视听资源可以记住 20% 的知识，通过实践可以记住 75% 的知识等。学习金字塔对被动和主动学习进行了划分，最上面四层是"被动"学习，包括讲座、阅读、视听学习和演示。下面三层是"主动"学习，包括讨论、实践和教导别人。

学习金字塔只是一种理论，大多数教育专家对其普遍适用性提出了异议。没有任何具体的科学证据能够证明学习金字塔的准确性。

不过，我很喜欢这种思路。学习金字塔的解释看上去并没有明显的错误，我也觉得学习媒介的混搭是一种很好的想法。归根结底，重要的是什么能让你专注而投入。学习形式越主动，你就越专注。如果能够使用金字塔里的所有学习形式，你一定会更好地吸收信息——即使这仅仅源于新奇和意外。

下面是对于金字塔每一层的介绍。

听讲座（记忆 5%）。记忆效果最差的学习形式是听老教授在讲台上授课。随着技术的进步，这种学习方式正在变得无关紧要。我相信，这或许只是不想上课的借口，但是这种说法有一定的道理。

在学习技能时，经典的讲座常常是可有可无的——比如班级老师解释瑜伽的宗教背景，或者汽车店老师解释发动机的工作原理。通常，关于某种技能的理论说教仅仅局限于教学的最初阶段。理论很有用，很重要，但它只能充当背景和上下文，只能使人大致理解相关技能的意义。

阅读（记忆 10%）。毫无疑问，阅读关于某一主题的书籍很重要，尤其是关于所学技能的书籍。你可以找到许多包含宝贵信息的出版物：关于木工的指导书，关于自卫的指导手册，关于不动产协商的战略书，甚至还有关于钓鱼和景观设计的期刊。手边拥有足够的信息总不是一件坏事。

不过，不管你阅读多少文献，阅读本身也许并不能帮助你掌握技能。你需要实践。虽然阅读被定义为"被动"学习，但是你仍然需要将你所阅读的内容与你自己的思想、观察和生活经历相联系，以尽量提高阅读的主动性。这适用于一切阅读。

听觉 / 视觉学习（记忆 20%）。在这种学习中，你需要观看或倾听关于相关主题的音视频。如果你想提高辩论技能，你可以去听关于政治史的有声书。如果你想学习烹饪，你可以在 YouTube 上观看相关演示。

你可以在手机、笔记本电脑甚至汽车上找到足够多的音视频资料。当然，对于你想学习的主题或技能，Udemy 和 Coursera 等在线课程模块可以提供很有体系的音视频资料。我怀疑这种形式的记忆效果是否真的比主动阅读好很多，但我承认，音视频的确是一种不错的被动学习形式。严格地说，技能与行动有关。所以，通过观察他人的行动，你可以直接模仿他们。

演示（记忆 30%）。演示是指某种技能在你面前的现场呈现，比如超市的烹饪演示，或者用烙铁将电线焊在一起。

演示是私教和成人课程的核心。演示的记忆效果显然优于事先录制的音视频材料，因为它是在你眼前发生的，而且你可以向演示者提问。演示是指导和辅导的重要一环，可以向你展示如何完成一件事情，然后强迫你亲自动手。

小组讨论（记忆 50%）。这是学习金字塔中的第一种主动学习形式。你需要与其他几个和你共同学习技能的人交流。你可以和其他花匠研究如何打造一个蔬菜园，或者和一群西班牙语学生聚在一起，进行语言练习。你们可以交流思想和见解，消除错误观念。你们可以分享个人经历。例如，写作小组可以讨论其他作家是如何从不同视角论述同一主题的，并且可以对你从未想过的话题提问。

特别地，和不同水平的人 —— 包括水平高于和低于你的人 —— 讨论技能有助于实现更好的实践和理解。当你试图教导一个技能和知识不如你的人时，你可以组织自己的思想，简化思路。当你试图向一个技能和知识水平高于你的人学习时，你当然会进步。

现实经历（记忆 75%）。打开汽车引擎盖进行维修，织毛衣，向听众演奏钢琴，建造树屋——用双手完成任务是掌握一项技能最切实的途径。这些例子不是抽象的纸上谈兵，可以强化你在现实世界中执行技能的能力。

你可以更好地理解当前技能的实际用途，直接而明确地学习如何应对压力和解决问题。世界上的一切阅读和讲座都无法与简单的动手实践相比。

向他人传授你的现实经验（记忆 90%）。根据学习金字塔，从某种意义上说，记忆所学知识的最佳途径是让自己成为老师。你可以谈论自己作为登山者的经历，或者在博客上介绍你所使用的电影制作技巧。通过表述你的经历，你可以让这些经历在自己和他人心中留下更深的印象。

当你表述自己的方法和经历时，你可以迅速发现什么是你知道的，什么是你不知道的。当你意识到并解决这些问题时，你可以更加有效地组织自己的思路。

毫无疑问，教学是我们与新信息最紧密、最积极的互动形式之一。同自我解释和费曼学习法（后面一章介绍）类似，教导别人不仅可以使信息扎根于你的头脑，而且可以迫使你认识到什么是你真正可以解释的，什么是你无法解释的。教导自己也可以；教导别人就更好了。

教学可以揭示你的知识空缺。在指导和解释过程中，你不能敷衍了事。你不能说"是的，我知道那是怎么回事。我现在可以把它跳过去"，如果你向别人解释某一过程，你不能这样说——你需要知道每个步骤的内容以及不同步骤之间的联系。你还必须就你所教授的内容答疑解惑。

这种解释本质上是一种知识测试，你要么知道，要么不知道。如果你不能向别人解释如何复制你所教授的内容，这说明你还没有理解它。

以摄影为例。根据学习金字塔，阅读和听课可以使你记住 15% 的知识，这很有道理：你能从教科书和讲座中学到的摄影知识也只有这么多了。音视频辅助和演示——某些角度看上去是什么样的，如何用计算机调整照片——可以更好地帮助你学习照片的拍摄和处理。关于摄影的小组讨论可以揭示一些难忘的思想。花时间练习拍摄和冲洗照片显然可以为你带来深刻的印象。

现在，让我们看一看与教导他人有关的金字塔底部（你也可以把它看成顶部）。你可以强化他人的基础知识，解释摄影的原理、类型和总体指导原则。理论上，你在为学生监督金字塔的所有其他元素，用你的摄影知识指导每个人。这还不包括你在上课之前的准备过程。

所有这些教学活动都在积极调用你已经掌握的知识。事实证明，和你把知识塞进大脑相比，从大脑中提取知识对于学习、技能获取、记忆和任何进步都非常重要。

这就是金字塔较高层级所做的事情。你需要提取、解释和重塑之前学到的知识，供其他人理解和学习。反过来，这一过程又会巩固你的知识，加深你的经验。

有时，通过简洁凝练的口头解释和推理，你甚至会意外地获得一些新发现。在教学过程中，你必须将知识切分得很细，并且不断重复——这可能与解释理论和概念完全不同。

通过将学习金字塔与所罗门–费尔德学习偏好指数中的方法和媒介相结合，使其相互协调，你可以获得极佳的学习体验，提升自己的理解、技巧和才能。

比如你想学习做寿司。你可以首先接触关于寿司理论和历史的菜谱和讲座。然后，你可以在 YouTube 上观看制作寿司的视频，还可以欣赏纪录片《次郎的寿司梦》，看一看日本著名寿司厨师的日常生活。要想成为有志向的寿司厨师，你还必须参加培训班，观看近距离演示。当然，你也会在培训班里参加一些动手实践。你可以和班上的同学讨论各种技巧。当你积攒了足够多的经历时，你可以试着教朋友做寿司，或者自己制作视频。

如果你能把所有这些活动整合成一项系统性计划，那么你几乎一定能够实现有效学习，最终掌握专业技能。

在本章结尾，我也许应该说一下前面提到的学习风格迷思。根据这种理论（应该叫作迷思），面对以视觉形式呈现的内容，一些学生学得比较好，另一些学生则偏爱语言、逻辑和其他学习形式。

这种定制学习风格能够得到科学的支持吗？换句话说，一些人的大脑在这方面真的存在不同于他人的结构，因此以其他风格呈现的信息不再是信息了吗？这里讨论的学习风格已经为人熟知。从传闻的角度看，它们甚至合乎逻辑：

- 视觉（空间）：喜欢通过图像、画面、颜色和地图学习。
- 听觉（听觉-音乐）：倾向于通过声音和音乐学习。
- 言语（语言）：选择使用文字，包括说和写——书籍、讲座等。
- 身体（行动派）：喜欢使用身体、双手和触感。通常喜欢运动和锻炼。
- 逻辑（数学）：喜欢逻辑、推理和系统，尤其喜欢在不相关元素之间寻找模式和联系。

- 社交（人际）：喜欢在群体环境中学习，喜欢开放式交流，与他人交换信息。

- 独处（内省）：倾向于更加孤独、独立，喜欢自省和独处。

不夸张地说，一些学生有意识地喜欢一些学习方式，不喜欢另一些学习方式。我当然更加偏爱某些活动。因此，我可能根据喜好创造了一个自我实现的预言。更有甚者，一些生物学因素似乎支持这种理论，因为每种学习风格对应于不同的大脑结构：

- 视觉：大脑后方的枕叶负责管理视觉。枕叶和顶叶负责管理空间定位。

- 听觉：颞叶负责处理听觉内容。右颞叶对于音乐尤其重要。

- 语言：颞叶和额叶，尤其是两个特别区域，叫作布罗卡区和韦尼克区。

- 身体：小脑和运动皮质（额叶后方）负责处理大部分身体运动。

- 逻辑：顶叶是逻辑思维的主导区域，尤其是左顶叶。
- 社交：额叶和颞叶负责处理大部分社交活动。边缘系统（之前我们只提到了海马）也会影响社交和独处风格。边缘系统与情感、情绪和攻击性关系密切。
- 独处：额叶、顶叶和边缘系统与这种风格关系密切。

然而……

没有科学证据表明，大脑以这种支离破碎的方式运转。唯一支持这种理论的证据是由低劣的研究提供的，或者是对某些结论的误读。关于学习风格的迷思——或者说神经迷思——最近遭到了更多反对，但是仍然有人坚持这种思想。实际上，有足够多的证据表明，如果考虑到注意力和偏好因素，所有学习风格都是有效的。

布里斯托尔大学研究员保罗·霍华德-琼斯（Paul Howard-Jones）表示，"大脑研究为支持其在教育和其他领域的应用而确立的科学事实受到了误解、误读和错误引用，导致了一些错误观念"，包括定制学习风格和其他神经迷思。

我们不能认为我们只应该坚持一种风格。否则，我们就会限制自己的能力范围，错过其他可能有效的方法和媒介。这种错误观念往往会成为自我实现的预言，因为你会只关注一种方法，排斥其他方法。这只会对你造成不利影响。

如果你只想采取一种学习风格，你的选择就会受到限制。你甚至可能做出糟糕的选择，其他风格的学习资料可能远远优于你所选择的学习资料。此外，不同媒介类型的混搭还可以使你对于所学内容获得全面视角。

任何拥有足够音频、视频和文本学习资源的科目都适用于这种策略。坦率地说，不满足这一条件的科目已经不多了。历史、数学、外语、音乐甚至木工和计算机技能等实用艺术都有多种媒介形式，可以提供宝贵的信息。你应该尽可能多地将其添加到你的学习计划中。不要将自己捆绑在没有科学依据的分类上，不管它看上去多么合乎逻辑。

画重点

- 在顺应大脑的有效学习中，信息吸收是第一个关键点。如果我们不能看到、听到或感知信息，接下来的事情就没有意义了。如果信息无法进入大脑，任何记忆技巧和深度学习都是空中楼阁。

- 确保合理吸收信息的第一步是考察我们为大脑施加的认知负荷。有三种负荷：内在负荷、外在负荷和增生负荷。它们与信息难度、信息呈现形式以及为信息赋予个人意义的难度有关。大脑很强大，但它毕竟是一种生理结构，需要充足的休息、放松和合理的认知负荷。从另一种视角看，我们只能在强度、频率和持续时间这三个元素中选择两个。

- 分块是降低认知负荷、促进信息吸收的绝佳途径，因为它可以将十个知识点转化成三个（这只是举例）。为学习过程三大元素提供帮助的简单分块方法包括根据分组、分类和模式分块——你可以随意创建组别、类别和模式。促进吸收和综合（以及记忆）的有效信息分块途径包括将新信息映射到旧有信息之上，以及将信息分解成最小单元，以便通过某种对你有意义的方式将其组合起来。

- 压力会使大脑无法关注、专注于或关心任何事情。第一章关于大脑结构特别是边缘系统的论述简单提到了这一点。当大脑承受重压时，一切功能都会关闭。不过，我们又不能没有任何压力。这种观点源于耶基斯-多德森的倒 U 形曲线。根据这条曲线，每个人都有一个所谓的甜蜜点，即使大脑达到最佳"性能"的压力点。为了保持专注，压力不能太小，但也不能太大。

- 最后，关于信息吸收，我们必须动用各种资源，以实现专注和投入。所以，我们提出了不同学习风格和媒介的混搭。某种风格和媒介不一定在科学上比其他形式更优秀，但是如果信息的呈现形式不是我们喜欢或偏爱的类型，我们有时会感到疲惫、无聊，或者失去兴趣。所以，我们提出了一些采用不同风格和媒介的模型：主动和被动，感受和直觉，视觉和语言/其他，顺序和全局，以及存在争议的学习金字塔，包括倾听、阅读、音频/视频、演示、讨论、现实经历和教导他人。记住，关于学习风格的传说只是一种迷思而已。

第三章　信息综合

我们来到了学习的第二个阶段——大概也是最复杂的阶段。许多人只要睁开眼睛和集中注意力就可以改善信息吸收效果，但第二步的优化可能就没有那么容易了。

到目前为止，我们已经用一些篇幅讨论了抽象学习和最简单的记忆，即回忆随机字符串。当然，现实世界比这复杂得多。自从小学毕业后，你就不太需要鹦鹉学舌和死记硬背了。

"学习"其实是一组非常复杂宽泛的功能，其中对于外来信息的综合能力或许是最重要的。你可能极其擅长吸收和记忆信息，但是如果这些信息不明确，没有关联或者根本就是错误的，又有什么用呢？你如何用这些信息改善生活？仅仅以肤浅方式吸收的信息无法回答这一问题。

实际上，学习与理解有关。你需要咀嚼信息，从各个角度考察信息。这比描绘某些思想、过程和联系的符号更为深刻。如果我们能够真正用头脑掌握、处理和解释信息，并能从整体上与其进行积极互动，而不是不加批判地单纯吸收，我们的学习就会更加丰富、稳健。所以，学习有很大一部分发生在综合阶段——就在你阅读这段文字时，你的大脑正在努力将思想转化成含义，转化成头脑中的画面，转化成能够使你做出情绪反应的抽象概念。

信息综合包括提问、理解我们知道什么和不知道什么，以及如何填补空缺。它将上下文纳入考虑范围，具有适应性和响应性，对于自身的学习过程即元认知很好奇。在这个学习阶段，你需要处理信息，从不同角度考察信息。

布卢姆登场

所以，我们需要介绍一个与信息互动的工具，叫作布卢姆分类法。它是本杰明·布卢姆（Benjamin Bloom）在1956年提出的（2001年得到更新），用于衡量大学生的学习成绩。从那时起，它一直是学术机构设计课程的重要框架，用于确保学生对知识获得充分的理解。

它的主要观点是，为实现最高水平的理解，我们必须完成六个等级。大多数人永远无法完成所有分类等级，所以你要避免自己陷入同样的命运。目前，从最低水平到最高水平的理解等级分别是：

- 记忆。从头脑的长期记忆库中检索、识别和回忆相关知识。

- 理解。通过解读、举例、分类、总结、推测、比较和解释等方式从口头、书面和图像信息中构建意义。

- 应用。将执行或实施程序付诸实践。

- 分析。将教材分解成不同部分，通过区分、组织和归因确定各部分的相互关系及其与总体结构或目的的关系。

- 评估。通过检查和评价，做出基于标准的判断。

- 创建。将各元素组合起来，形成连续或可以运转的整体；通过生成、规划或制造，将各元素重组为新的模式或结构。

当你达到"创建"这一最高等级时，你可以认为，你已经掌握了某一技能。如果没有达到分类系统的某一等级，你就不能很好地追求后面的等级。我们可以在日常生活中看到这一现象。一些人还没有充分理解某一话题，就想对其做出评价和判断。他们没有遵循分类等级的顺序。

布卢姆分类法是一种很有用的工具，有助于指导和设计学习过程。总体而言，这个分类法列出了与新信息积极互动的方法。它关注思维过程，使你可以建立信息框架并分析信息。每个动词都是掌握和处理新数据的思维工具。布卢姆框架的优势在于，它很灵活，几乎适用于任何领域。不管是在课堂上，在工作中，还是在为实现个人目标而制订学习计划时，这种分类法都可以充当一种简单的学习框架。

整个分类法基于学习的思维框架，它可以得到很好的总结。在理解一个概念之前，你必须将其记住。要想使用一个概念，你必须首先理解它。为了评估一个过程，你必须先进行分析。要想创建准确的结论，你必须首先完成充分的评估。重要的是通过反省理解你目前处于分类法的哪个阶段，只有这样，你才能知道接下来需要做什么。

让我们更加深入地考察每个阶段。

首先，记忆的内容包括倾听、查询信息（比如使用谷歌等工具），主动记忆数据，标注未来需要回顾的重要信息，标记未来需要综合的关键点，为了记忆而不断重复信息。

这个阶段的关键是提取信息并做出某种修整，以方便未来的存储和检索。如果你喜欢对未来想要阅读或观看的内容做出大量标记和注释，这说明你是一个主动记忆型学习者。如果能为信息制作表格或将其整理成便于记忆的提纲，这些信息更容易转化成长期记忆。记忆的内容还包括概括关键特征、摘抄以及确定中心思想，以方便未来回顾这些总结。每次做考前复习时，你都在使用这些技巧。

理解是我们与信息更加主动的交流。记忆是固化和存储信息，理解则是分解信息，以便更好地认识其中的原理，就像拆解家用电器一样。为了理解一组符号和模式的深层含义，我们可以采取的认知操作包括为数据分类（比如这里的分类）、为信息分组、根据已有数据进行推测、预测未来事件、总结，以及用另一种语言释义。

老师之所以让学生"用自己的语言"回答问题，是因为他们想要测试学生的理解而不是记忆。如果你对一件事情拥有深刻理解，你就可以运用自如，不管它的各个组成部分如何重新排列，也不管它是用什么符号表述的。如果你曾向不熟悉某个概念的人解释这个概念，你可能会发现，提供相关实例是一种很好的做法。你可以用他们更容易理解的概念打比方，展示二者之间的关系。这种关联和联系是对于一个主题形成深刻理解的关键。

应用是第三个类别。概括地说，应用是指将信息带入"现实世界"，使其显现出来，其途径包括执行、概括、表演和表述。你大概已经注意到，这些词语有不少与其他类别的动词存在明显的重叠——这是很正常的，因为大脑不会执行离散的活动，其行为是连续的。在这里，我们只是想用不同的模型来理解大脑而已。

实际上，布卢姆分类法本身就是一种"应用"——它在以图表的形式具体地呈现信息——即应用抽象概念，以解释模型、思想或概念。与这个类别相关的动词包括绘画、准备、展示、重演甚至游戏。在用饼图展示数据时，在将计划转化成现实时，在设计并执行实验时，你都是在"应用"。

第四个类别是分析，它几乎无须解释。这个类别的动词包括提问、解释、组织、解构、关联和计算。这包括所有主动操作和处理外来信息的动词。它不是仅仅将信息从一种形式转化成另一种形式，而是仔细考察其组成部分，以理解这些信息。布卢姆理论本身就是评估和分类的例子。分析的例子包括绘制思维导图，将一组思想与另一组思想相结合，将机器拆解成不同组件，询问"为什么会发生这件事"。

第五个类别是评估，它包括我们对眼前事物进行价值判断的一切动词。上一个类别的分析与价值无关，只涉及理解。

这个类别涉及批评、评分、反思、回顾、评价和验证等。在这里，大脑需要进行辨识，根据指定目标和目的对信息进行衡量。实验结果有多大用处？你做出的评价具有怎样的品质和真实性？你的表现如何？如何将所有信息编辑整合成有意义的整体？

最后的动词小组是创建。在这里，我们与信息的关系很简单：我们创造信息！利用信息打造新事物的创意形式包括作曲，通过融合已知事物创建新事物，拍电影，写剧本，进行角色扮演。你可能没有想过的其他创意行为包括编程，设计系统，将材料从一种形式改编成另一种形式，甚至还包括制作播客和博客。有趣的是，布卢姆认为领导也具有创造性，因为领导者常常需要引导人们获得由他自己设计的全新视角。

和之前一样，这些动词和类别总会相互重叠——重点不是区分不同类别。相反，这个模型的重点是帮助你处理信息，从不同视角观察信息，就像你用不同颜色的眼镜观察相同事物一样。在学习和记忆时，积极主动地与信息互动非常有用——不是以一两种方式互动，而是以尽可能多的方式互动。这样一来，外来信息可以成为生动的三维数据，使你获得深刻而难忘的理解，而不是肤浅的印象。

例如，每次学习新事物时，你可以标记书中的文本，以便总结（记忆）并用自己的语言表述这段文本（理解）。接着，你可以应用这种理解，构建你自己的图表（应用），花点时间拆解这个图表，提出问题，将其与你制作的其他图表相联系（分析）。之后，你可以思考这些方法能否帮助你记忆信息（评估），并以这种评估作为指导，进一步设计更好的学习系统（创建）。

这听上去很烦琐，事实上可能也确实烦琐，但这是信息综合的必由之路。实际上，只有这种艰苦的脑力劳动才能真正巩固头脑中的概念和事实。

SQ3R 方法

下面我们介绍 SQ3R 方法，它尤其适用于零基础学习。你会从文本和其他资源中获取信息，你从一开始就应该对其做出最好的安排。这种做法可以让你知道学习内容，帮助你学习，并且可以让你知道自己刚刚学到了什么。这种看似简单的过程在综合阶段非常重要。

例如，教科书厚重、翔实，注释很多，篇幅很长。你很容易想象这样的画面：一个学生熬夜浏览 349 页的大部头，感到十分疲惫，第二天早上无法想起他所阅读的文字。

所以，美国教育家弗朗西斯·P. 罗宾逊（Francis P. Robinson）设计了一种方法，用于帮助学生最大限度地理解他们所学习的文本和主题。罗宾逊找到了一种使阅读变得更加主动的方法，可以使读者动态参与到书籍中，使信息深深地刻印在他们的头脑里。

传统课堂环境下的反复阅读当然不是最有效的，但它是大多数人知道的唯一模式。罗宾逊的策略不仅适用于阅读，你可以根据罗宾逊的方法和你的学习情况建立完整的学习计划。

这种方法叫作 SQ3R 方法，由五部分组成：

- 调研（survey）

- 提问（question）

- 阅读（read）

- 复述（repeat）

- 回顾（review）

调研。这种方法的第一步是对于你所阅读的内容形成某种整体印象。教科书和非小说作品与小说和叙事文学不同，后者可以从头开始依次阅读每一章节。最好的非小说作品得到了精心安排，能够以清晰难忘的方式传递信息，每一章与前面各章存在关联。如果你不做事先调研，直接扎进书里，你就会很盲目，不知道你的前进方向以及你想要完成的目标。在钻研第一章之前，你应该首先拿到"地形图"。调研的目的是获得最具一般性的主题介绍，以确定你想要通过阅读实现的目标。

这就像是在开启公路旅行之前查看整个地图。此时，你可能不需要所有知识，但对于整体和各部分相互关联的理解可以帮助你了解一些细节，使你不会迷失方向。例如，当你迷路时，你知道自己大体上需要朝西南方向前进。

在 SQ3R 方法中，调研意味着考察一本书的结构，包括书名、序言、每章标题、每节标题以及各种大小标题。如果书中带有插画和图表，你也需要看一看。你还可以留意书中使用的格式，以指导阅读，包括字体、粗体和斜体、每章目标和研究问题。在调研阶段，你在为未来的阅读设置预期，为构建阅读目标提供最初的框架。

例如，假设你想阅读一本书，以便对地质学获得更多了解。我刚好有一本书，是约翰·S. 谢尔顿（John S. Shelton）的《插图地质学》（*Geology Illustrated*）——它是大约 50 年前的书 [1]，已经绝版了，但它完全可以充当此处的案例。

这本书的前言描述了书中的内容以及插图的安排。书中有一个极为详细的目录，分为几个部分："材料""结构""组织""时间""典型例证""意义"。所以，这本书始于具体的

---

[1] 该书出版于 1966 年。——编者注

地质元素，随后探讨了它们的形成过程、重要事件以及未来可能发生的事情。这是对于全书脉络的良好猜测。

每个部分又分为若干章，每一章又进一步分为许多标题和小标题——这里就不一一列举了，但它们更加详细地概括了每个部分的内容。当你通过调研知道当前所学知识的意义时，你可以立即获得更好的理解。这就是观察孤立齿轮和观察复杂钟表中的齿轮的区别。

除了书本，你还应该调研一个学科中的所有重要概念。如果你不能在书前目录之类的地方找到它们，你需要亲自将其找出来。是的，这很困难，但是如果能够列出所有概念，并且至少能在表面上理解它们之间的联系，你就可以将其他人远远甩在身后。你应该通过调研得到所学内容的大纲。从某种意义上说，这更像是为你自己进行象征性的"图书策划"。

你需要形成关于所学内容的总体纲要。由于你准备自学，因此你可能会忽略一些需要学习的内容。所以，在这一阶段，你需要尽可能具体地确定接下来的学习内容。例如，如果你想全面学习心理学，这需要花费时间，你不可能一蹴而就。你需要确定更加具体的内容：心理分析的早期历史、西格蒙德·弗洛伊德（Sigmund Freud）和卡尔·荣格（Carl Jung）、运动心理学、发展心理学等。

你需要留意出现在许多不同地方的短语和概念，因为它们在你所选择的领域里经常出现，可能是你需要知道的事情。在详细研究任何概念之前，应该考察不同概念之间的联系和因果关系。

例如，假设你想学习欧洲电影史。在谷歌网站输入"欧洲电影史"，可以得到许多有趣的结果，其中一些可以用于制作你想要的大纲。

你可以在亚马逊上寻找看上去最权威的阅读材料。互联网电影资料库（IMDb）可以帮助你寻找最重要的欧洲电影。你可以看一看哪些欧洲导演出现次数最多，看上去最重要，最有影响力。你可以查找评分最高的欧洲电影及其获得高分的原因。你可以收集一些介绍哪些国家出现了哪些电影运动及其成因的资源。

接着，你需要对这些资源进行组织。你需要制订研究每一项内容的计划——比如阅读某书关于早期欧洲电影史的一章，然后观看一两部你所研究的那个时代的电影，并且为自己布置观后感作业。你的关注点是收集和组织，你现在还不需要真正触碰它们。重要的是，你在研究之前对主题进行了调研，所以知道你所学习的内容以及为什么你要学习这些内容。

提问。在 SQ3R 方法的第二阶段，你仍然没有下潜到深海之中。在提问阶段，你要更加深入地接触所学内容，使大脑做好关注所学内容并与之互动的准备。你要更加仔细地考察教材的结构，提出一些你想知道的问题，或者设置一些想要实现的目标。

在读书——准确地说，是准备读书——的提问阶段，你要浏览各章题目和各种大小标题，用提问的形式重新表述这些标题。这样可以将作者设置的枯燥标题转化成需要解决的挑战或问题。例如，你在阅读关于弗洛伊德的书，有一章是"弗洛伊德的解梦基础"。你将这一章的标题改写为"西格蒙德·弗洛伊德的解梦作品是如何出现的"，他关于这一主题的最初思想是什么。你可以在书中空白处用铅笔写下这个问题。如果教材每章结尾附有研究问题，你就可以将其作为绝佳的学习指导。

在关于地质学的书中，能够改写成问题的章节名称恐怕不太多。（"天气""地下水""冰川作用"——都是这种。）不过，一些标题可以改写。例如，"变质作用对沉积岩的影响"可以改成"经过数千万年的环境变化，底部中央岩石会发生什么？"我不仅把它改成了问题，而且将其转换成了我在阅读之前就能理解的语言。

你已经对学习规划的资源进行了组织。现在，你可以把你要学习的一些主题转换成你想回答的问题或你想实现的目标。根据你所整理的资源和你可能观察到的模式，你想在学习中找到哪些答案？把它们写下来。此时，你最好设计一个回答问题的结构——日志，自我测试，或者某种"知识跟踪器"。你不需要现在回答问题，你只需要知道如何在回答问题时将其记录下来。

在欧洲电影史的例子中，即使你在调研阶段仅仅做了最粗略的调查，你也会不止一次遇到一些导演的名字：费德里科·费里尼（Federico Fellini）、让-吕克·戈达尔（Jean-Luc Godard）、路易斯·布努埃尔（Luis Buñuel）、弗里茨·朗（Fritz Lang）等。你觉得他们是重要人物，值得了解一下，所以你可以提出这样的问题："为什么费里尼如此具有影响力？""布努埃尔的导演风格如何？""戈达尔在拍摄中中意哪些主题？"你可能遇到一些似乎普遍存在于欧洲电影中的概念或主题——比如"法国新浪潮""第二次世界大战""新现实主义"，将其写下来，作为学习目标，并将其添加到你的大纲中。

阅读。在这一阶段，你终于准备深入教材中了。你已经拿到了地形图，提出了一些问题和学习目标。所以，当你终于坐下来开始读书时，你的专注度会有所提高。你在为你所提出的问题寻找答案。在真正开始阅读之前，另一项受到低估的规划和组织工作是为学习建立预期。你已经进行了一段时间的概览，可能急于投入阅读中，回答之前在头脑中积累的问题。

大多数人没能完成这一步骤，因为他们缺少基础，而且拥有不合理的预期。

现在，你要小心而有节奏地阅读，以实现更好的理解。这意味着要大幅放慢速度。要对教材和自己保持耐心。如果某个段落难以理解，那就进一步放慢速度。如果你无法清晰理解某个部分，那就停下来，回到开头，重新阅读。你不是在阅读欲罢不能的精彩小说，你是在阅读可能具有较高密度的信息——所以，应该缓慢而专注地阅读，一次阅读一节。

你的学习计划里可能不仅包括书本，还包括视觉辅助、在线课程和互联网资源。你应该以同样的方式使用这些资源：小心翼翼，坚持不懈，以充分理解每个概念为目标。记住，如果没看懂，返回键和滚轮是你最好的伙伴。要对学习时间进行规划，尽量获得完整的理解。

在欧洲电影史的例子中，这一点很明显。应该用批判的目光看电影。在一些节点，你可能需要返回前一部分，以捕捉可能对你有用的图像、对话和动作。如果你能观看带有导演评论音轨的视频，你可能要花上一下午的时间。将电影与你所阅读的作品或者你所参与的在线课程进行对照，以回答你可能产生的疑问和想法。

复述。这个步骤对于信息处理非常重要，是学习型阅读和娱乐型阅读的最大区别。在复述阶段，你已经熟悉了教材，此时的目标是改变思考和关注方向，实现更加专注的学习。换句话说，你需要复述原文。

对于你所阅读的内容提出问题——将这些问题说出来。此时，你还可以在文本空白处写下大量注释，在重点内容下面画线或者做标记。复述既包括口头表述，也包括书面记录。重要的是，你要用自己的语言重新表述要点，而不是仅仅将书中的原文抄写在纸上。这样一来，你可以将新知识转化成你理解的语言，使之变成对你有意义的知识，你对信息的掌握将会变得更容易。

我的地质学课本刚好在页边留有很宽的空白区域。所以，我有足够的空间重新表述和记录要点，标记重要概念。例如，考虑下面的原文：

> 这种比较意味着丘陵和山脉的缓慢侵蚀过程与我们身边袖珍模型更加迅速明显的变化类似。

我可以将其改写如下：

> 山脉和丘陵经历的侵蚀与低地和河流类似，只是更加缓慢。类似于棒球选手。

在这里，我把一条信息转化成了两个不同短语，其中一个是由我自己提出来的。这是一种重要的记忆工具，也是使信息对我个人更加有意义的良好途径。我还添加了一点棒球内容，因为我喜欢棒球。当我回顾这段话时，我可以立刻理解这个概念。如果能在阅读整本书时不断重复这一过程，你的学习能力就会得到很大提升。

学习的复述阶段很重要，因为它使用了不同媒介，你可以通过多种途径表述问题和原文。

回到欧洲电影的例子上。如果你在观看英格玛·伯格曼（Ingmar Bergman）的《第七封印》（梗概：中世纪骑士遭遇死亡天使，试图通过和他对弈争取时间），你可以写下关于圣经出处、艺术贡献、中世纪文献和电影制片技术的问题。你还可以写一篇总结，或者制作电影视频博客，讨论与这些问题关系最为密切的重要镜头。你还可以将其与伯格曼的其他电影进行比较，或者指出他和你所研究的其他导演在风格上有哪些相似之处。重要的是，你在花时间重新表述新知识，使之对你 —— 而不是其他人 —— 产生意义。

回顾。在 SQ3R 计划的最后阶段，你需要回顾你所学习的教材，重新熟悉最重要的知识点，努力记忆教材。

在这一阶段，罗宾逊详细介绍了一周里的每一天需要做什么。不过，我只想介绍一些总体策略，包括对于你所标记的重要内容提出更多问题，口头回答你能回答的一些问题，回顾注释，为重要概念和术语制作抽认卡片，用你自己的语言改写目录，制作思维导图。只要能帮助你将信息转化为记忆，任何做法都是好的（抽认卡片特别有效）。

这个步骤用于加强你对教材的记忆，但它的意义不止于此。它可以帮助你看到之前没有发现的不同内容之间的联系和相似之处，将概念和思想置于更大的背景之中。它还可以提高你的头脑组织能力，你可以将其应用于其他主题。

你应该将这个步骤看作调研步骤的自然延续。此时，你已经获得了总体印象，深入考察了具体细节。现在，你应该后退一步，重新评估，建立更新、更准确、更加深刻的联系。回顾与记忆的结合是自学成才的捷径。

我的地质学课本里到处都是可以制作成抽认卡片的词语。"单斜褶皱""分层""冰川作用"——快把记号笔拿出来吧。

我还可以将冰川作用表述成流线图或其他视觉媒介形式。我可以制作地球历史的时间线，将其与每个时期最重要的地理变化相联系。我还可以写下书中没有解答的或者我想深入调查的问题。

你可以用同样的方式将书本回顾阶段的大部分方法应用到学习规划中。在欧洲电影的例子中，你可以制作欧洲电影导演的目录或数据库，列出他们的作品、主题和风格。你可以制作抽认卡片，以帮助你回忆不同欧洲流派的重要特征："新现实主义""铅黄恐怖片""意式西部片""视觉系电影"。当然，你也可以用书面形式或其他视觉表现形式将你所学习的内容制作成日志。

SQ3R方法并非笑谈。它复杂而烦琐，需要耐心和敏锐的组织能力。不过，如果你能拿出耐心，认真、仔细而专注地执行每个步骤，你会发现，这种方法可以很好地帮助你攻克复杂主题。你使用的次数越多，用起来就越容易。

最后，我们来看一看用于加深理解的自我解释和自我折磨艺术。

自我解释

自我解释听上去很简单，但这种简洁性中包含着方法。它不仅仅是将思维过程说出来那么简单。你需要解释和表述信息，以确立知识和盲点的基准线。

盲点是指我们没有意识到自己不知道某件事情。通过自我解释，你很快就会知道什么是你不理解的，这可能远远超出了你的预期。下面是它在现实生活中的一些表现。

如果你接触过七岁以下的小孩，你可能会看到（或者经历，如果你是家长的话）"原因链条"现象。在这种现象中，孩子首先提出一个关于世界的问题——比如"雨是从哪来的？"——在听到我们的回答后，他们会不断追问，以获得明确的最终答案。（"云为什么不能把雨留住？""云为什么不能以云的形态降落到地面上？""为什么云在晴天不下雨？"）

是的，这些问题会把你烦死。不过，它反映了孩子对于确定性答案无休止的好奇心，这是孩子的天性。（当然，家长很早就会注意到这一点。）

精致化询问与孩子式的询问有一些相似之处，但它面对的是那些需要由成年人研究的更加高级的话题。简单地说，精致化询问是为了解释为什么指定事实是真的。这种方法可以加深理解，同时可以使你发现自己的知识盲区。

在精致化询问中，学习者需要询问某些概念的运转方式和原因。任何事情都不能躲过这种询问。学习者需要浏览学习材料，以确定答案，努力寻找他们所学习的所有思想之间的联系。你能回答简单的问题，或者至少知道答案可能是什么吗？

"为什么"比"什么"重要，后者主要涉及身份和记忆的性质。一系列"为什么"可以使你更好地理解指定主题涉及的各种因素和原理。我们可以记住花朵的各个部分——花瓣、雄蕊、雌蕊、花托等——但是这些名称本身对我们没有任何意义。我们需要知道花朵每个部分的功能及其对于植物的作用。

这种方法很有效，因为它很简单，便于所有人使用。不过，要想提出有意义的问题，你需要对于相关主题有所了解。

假设你在学习 20 世纪 30 年代的大萧条，你的精致化询问过程可能是这样的：

- 你提出的第一个问题是，它是什么？它是工业化世界历史上最大的全球经济崩溃。

- 是什么导致了大萧条？有一些重要事件，比如 1929 年 10 月股市崩盘，超过 9000 家银行倒闭，消费者支出下降，对于欧洲进口商品征收高税率，农业生产因干旱而歉收。

- 让我们谈一谈股市崩盘。它是怎样发生的？一些专家关注融券买卖，英国股市下跌，失控的投机行为，以及钢铁市场一些可疑的商业行为。

- 融券买卖？那是什么？融券买卖是怎样运作的？为什

么它有问题？融券买卖（又叫按金交易）是指投资者向经纪人借钱购买股票。由于许多投资者采取这种方式，因此股市上的大多数购买交易都在使用这种借来的钱。它运转得很好，股价因而上升——当资本泡沫破裂时，股价就会下降。由于投资者没有偿还贷款的资金，因此经纪人和投资者没有利润可言。

询问链条由此开始。你用学习材料获取各种问题的答案。当你确定令人满意的答案时，你又开始从其他角度研究大萧条和股市崩盘，确定各个因素之间的相互关系。融券买卖对银行有什么影响？融券买卖与消费者支出的下降有什么关系？干旱是否影响了美国与欧洲的贸易问题？

精致化询问的主旨是确保你的理解没有死角。如果你能回答自己提出的问题，你大概就可以应对测验和考试，并且可以教导他人。你可以始于新闻问题（谁，什么，什么地方，什么时间，为什么，怎样），然后进入上下文问题（它是怎样发生的，之后又发生了什么），以便为理解打下良好、坚实的基础。

几乎任何主题都可以使用精致化询问方法。例如，数学专业学生可以用它来剖析高等数学，建立可能对高等数学主题有帮助的模式。如果你在学习人类生物学，你可以用这种方法确定导致高胆固醇和心律不齐的具体原因。就连文学专业学生也可以用这种方法研究某位作家及其作品的动机、倾向和主题。

你会发现，精致化询问也是一种自我解释。你在询问自己，然后观察自己能否做出回答。你应该可以发现，你可以由此知道自己在知识和理解上的欠缺。获取知识对于学习当然很重要，但有时消除盲点和获取知识一样重要。

费曼学习法

精致化询问方法是通过提问让你看到一条信息背后的整个画面。你可以使用新闻问题或者上下文和背景问题。

费曼学习法是另一种自我讨论，它是以获得诺贝尔奖的物理学家理查德·费曼（Richard Feynman）命名的。费曼被称为"伟大的解释者"，可以向几乎任何人清晰解释量子物理等复杂主题。在《费曼遗失的讲座：行星围绕太阳运动》中，戴维·古德斯坦（David Goodstein）写道，费曼能用最简单的词语解释最复杂的思想并以此为荣。他的方法源自他就读普林斯顿大学时使用的学习技巧，他在担任物理学讲师和教授后对这种方法进行了改进。

大多数人在每天的大多数时候都在进行某种形式的自言自语。表述这些处于解决问题背景下的对话可以使我们更好地认识大脑在面对问题时是如何工作的。

如果使用得当，费曼学习法可以证明你是否真正理解了某个主题，是否忽略了某些重要概念。此外，它适用于你能想到的几乎所有主题，使你能够看到自己需要弥补的知识空缺。

如果你觉得自己的解释冗长、凌乱而拖沓，这说明你对于这一主题的掌握可能不像你想象的那么好。

费曼学习法对于科学技术主题特别有用，但它也适用于其他任何主题。文学专业学生可以用它缩小主题范围，历史学家可以用它解释事件和历史模式，市政学专业学生可以用它理解生活状况和内城问题——这种方法的用途是无穷无尽的。你只需要诚实地回答你所提出的问题。而且，你会迅速发现自己需要关注的地方。

费曼学习法是精致化询问的一种具体应用。记住，你的真正目标不是回答问题，而是发现你无法回答哪些问题——这才是它所提供的信息。费曼学习法分四步。

第一步：选择概念。

费曼学习法的适用范围很广，所以让我们选一个可以在这一节从头用到尾的例子：引力。假设我们想要理解引力的基本知识，或者想要向别人解释引力。这显然取决于你目前所学习的内容。

第二步：用平实的语言写下对于这个概念的解释。

你能做到吗？这件事的难度如何？这是真正重要的一步，

因为它将精确体现你对引力概念有哪些理解和不理解的地方。尽量简单而准确地做出解释，让那些对于引力一无所知的人也能理解。

回到我们使用的例子上。你要如何定义引力呢？它与被巨大物体吸引有关吗？它是使我们下落的原因吗？它是地球形成的原因吗？或者，你是否只会说："嗯，你知道……引力就是引力嘛！"

这个步骤可以使你看到自己的盲点，看到你的解释开始站不住脚的地方。如果你不能执行这个步骤，那么你的理解显然没有你想象的那么多，你也很难向其他人解释这个概念。

你也许可以解释受到引力吸引的物体会发生什么，没有引力时会发生什么。你也许还可以解释引力的原因。不过，你也许只知道这些。你可能认为自己对引力了如指掌，但你一直在忽略其他引力知识。

第三步：找到盲点。

如果你无法在上一步简短描述引力，那么你的知识显然存在巨大空缺。你应该研究引力，想办法对其做出简单的描述。你可能做出这样的解释："导致大物体通过质量吸引小物体的力。"所有你无法解释的地方都是你必须消除的盲点。

分析信息并将其简单分解的能力体现了你的知识和理解。如果你不能将其总结成一句话，或者至少不能进行简洁的总结，这说明你仍然有需要学习的盲点。费曼学习法可以使你轻松找到盲点，确保你能理解你所学习和研究的概念。我鼓励你现在花点时间试一试这种方法。你可以试着解释哪些看似简单的概念？你真的能解释吗？或者，它是否揭示了你对于某个地方缺乏理解？

第四步：使用类比。

最后，为这个概念创建类比。这一步的目的是什么？它是第三步的延伸。要想在不同概念之间建立类比，你需要理解每个概念的主要特点和特征。这一步是为了验证你对概念是否真的拥有深刻的理解，也是为了让你更加轻松地将其解释出来。你可以认为，它是对于你个人理解和知识盲点的真正考验。

例如，当你把脚踩在游泳池里时，水面的落叶会向你的脚聚集，因为它造成了几乎看不见的冲击力。引力就是类似这样的冲击力。

这个步骤还可以将新信息和旧有信息相联系，使你摆脱当前思维模式，实现更加深刻的理解和解释。当然，如果你无法完成第二步和第三步，那么你不太可能完成第四步。不过，即使你能够完成第二步和第三步，你也许还是无法完成第四步——现在，你对自己的知识边界有了更好的理解。

费曼学习法可以迅速发现什么是你知道的，什么是你认为你知道的，而且可以巩固你的知识基础。如果你在连续的自我解释和简化过程中发现自己遇到了困难，这说明你所知道的并没有你想象的那么多。

记住，费曼学习法是精致化询问的另一种延伸，后者是指向自己提出问题，以证明自己在某方面的理解或知识有所欠缺。这个阶段的确很枯燥，但是如果没有它，你的大脑就不会感受到学习、进步和发展的动力。

画重点

- 信息综合是以大脑喜欢的方式进行有效学习的第二个分支。综合又叫理解，它大概是我们通常所说的学习的真正基石。它是指从内到外地了解新概念或新信息。你需要了解它所适用的上下文，从尽可能多的角度观察它，以确保真实而充分的理解，尤其是对于盲点而言。这听上去很难，而且的确很难。不过，这正是巩固理解和记忆所需要的艰苦努力。"没有痛苦就没有回报"的说法也许不适用于此，但是如果没有明显的理由（即如果你不强迫自己努力），大脑就不会去记忆某件事情。

- 布卢姆分类法是一种理解和处理信息的神奇工具。它是走向深入综合的一系列思想元素。事实上，它的六个阶段提供了为确保理解信息而与信息深入互动的指导原则。在理解一个概念之前，你必须将其记住。要想使用一个概念，你必须首先理解它。为了评估一个过程，你必须先进行分析。要想创建准确的结论，你必须首先完成充分的评估。重要的是通过反省理解你目前处于分类法的哪个阶段。只有这样，你才能知道接下来需要做什么。

- SQ3R 方法是另一种增进理解的工具。它要求你与学习资源互动。大多数人只会将某种信息阅读或倾听一遍，SQ3R 方法则需要调研、提问、阅读、复述和回顾。这差不多是五个分析层次，可以使你增进理解。当我们知道前方有什么，并且知道刚才发生了什么时，我们可以实现更好的学习。

- 自我解释（精致化询问）和费曼学习法是改进信息综合的最后两项工具。当我们不得不通过自我询问来解释概念时，我们会迅速发现什么是我们知道的，什么是我们根本不知道的。后者叫作盲点，其数量远远超出了你的想象。你能解释为什么天空是蓝色的或者引力是怎样发挥作用的吗？你也许不能一下子说清楚，尽管你认为自己理解这些概念。费曼学习法是自我解释的一个分支，可以帮助你发现盲点。此外，它还添加了一项内容，即用类比来解释你认为你知道的事情。它大概是最强大的工具，因为它可以使你立刻感受到自己的无知——这对学习是一件好事。

第四章 信息保持

我们现在将谈到学习的第三大支柱，也就是最后一个支柱，即将你吸收和处理的信息保持下来。我们已经看到，在分析和处理阶段（上一个支柱），大脑拥有许许多多的功能，可以通过不同方式分析和处理它所吸收的信息。本章讨论如何将所有这些数据存入长期记忆库并使其停留在那里。提到"思考"一词，我们通常会想到信息的处理和分析。不过，如果你不能主动存储这些信息并在稍后访问它，那么信息的处理和分析并没有太大意义。你可以访问记忆库，但是如果里面没有东西，你也没有太好的办法。

赋予情感

我们在之前的章节从负面意义上简单提到了这一点。为信息赋予情感是使信息在头脑中扎根的绝佳途径。与边缘系统制造的问题不同，当情感没有控制大脑，而是充当某种联系时，它可以对大脑起到帮助作用。

你大概不需要任何证据就能理解这一点。在学校课程中，你记得最多的不总是那些最生动、最古怪、与个人关系最为密切的细节吗？如果有一条关于你母校的带有个人情感并且出人意料的新闻，还有一条关于坦桑尼亚利率的无聊新闻，你会关注并记住哪条新闻呢？

信息唤起的情感越强烈，效果就越好。当然，你并不想让过于紧张或压抑的联系对自己造成精神创伤。这种联系会产生反作用——你会使大脑启动"战斗或逃跑"模式，使你的学习和记忆能力立即受到影响。

由于进化的原因，我们的大脑总会优先处理恐惧和愤怒（或者欲望）等情感因素，因为这些情感与生存的联系最为密切。我们已经看到，情绪化的边缘系统在记忆和学习中起着重要作用，因此我们可以对情感加以利用。

有两种主要的利用途径：（1）将新信息与你个人生活中有意义的事情（即已经存在于你长期记忆中的事物）相联系；（2）为新信息赋予情感。

在使用第一种方法时，我们会主动创建与现有记忆的联系，比如："这使我想起了……"

关于第二种方法，神经科学家发现，我们创建新记忆时的情感状态会影响我们的编码和记忆效率。而且，情感本身有时会充当随后检索记忆的"挂钩"。在你第一次学习某个事实时所在的房间，你可以更好地回想起这个事实。类似地，在你吸收新信息时所处的思维状态下，你可以更轻松地回想起这个信息。也就是说，如果你喜欢在生气时学习欧洲国家的首都，那么生气可以帮助你回想起这些首都。

我们的大脑一直在建立各种联系，与强烈情感相关联的事物也会产生意义，更容易被记忆。如果我们在激动、恐惧或愤怒的心理状态下吸收信息，我们就可以实现更加生动的记忆。

斯特鲁普测试很好地体现了这一效应。实验人员向参与者快速展示一系列词语，每个词语具有不同颜色，参与者需要说出每种颜色的名称。之后，参与者需要尽可能多地回忆他们看到的词语。你能想象到，少数禁忌词语比更加中性的词语更容易被回想起来，这可能是因为它们引起了参与者强烈的情绪反应。这证明了我们在上面提出的第一原则，即为刺激赋予强烈情感可以使刺激得到更好的编码、记忆和回忆。

另一方面，一份发表于 1977 年的哈佛论文探索了"灯泡记忆"现象。你能否清晰记得 2001 年 9 月 11 日你在做什么？你做的事情可能很普通，但它与重大而有意义的事件存在联系，因此搭了便车，仿佛这种强烈情感是一盏明灯，照亮了当时你周围的信息，使你能够生动地回想起当时的细节。这是灯泡记忆，它们很扎实，因为它们与对我们个人有意义的事件存在联系。还是那句话，我们在事件发生时的情感状态会影响我们对它的记忆编码。

重要的是，这并不意味着客观的"重大"事件更容易记忆。实际上，这些事件可能带来强烈的个人关联和情感，后者才会确保记忆深深地扎根于大脑之中。对于其他国家的人来说，对于没有被"9·11"事件深深震撼的人来说，他们的灯泡记忆可能没有那么明显。

我们很容易理解其中的道理。就像我们在前面的章节中探索过的那样，"高级"思维大脑占据的脑力比例相对较小，大部分脑力用于处理情感成分更大的事情。还是那句话，回忆更加富于情感的事件具有进化优势，这可能是我们从祖先那里继承来的特点。情感的作用非常快，比有意识和理性的思维大脑快得多。在我们需要迅速行动以保护自身的情形中，这非常有用。

换言之，产生负面情绪是为了保证我们的安全。我们目前在认知上会优先处理负面情绪，这意味着它在过去某个时候为我们祖先带来了帮助。避免人身伤害总是比考试前记忆无聊的知识点更加紧迫。不过，你可以对于这种头脑机制加以利用，让无聊的教材变得不那么无聊，以方便记忆。

哈拉尔德·舒普（Harald Schupp）2007 年发表的研究

报告显示，和普通图像相比，人们更加关注与伤害有关的图像（即更加富含情感的图像）。能够煽动情绪的主题更容易吸引我们的注意力，并且能够使我们关注更长时间，这并不令人意外。这意味着在涉及强烈情感时，我们可以实现更好的记忆，因为这些情感可以促使我们坐下来关注相关信息，从而更好地吸收和记忆它们。

与之相关的有趣现象是"注意瞬脱"——在将注意力从一个主题转向另一个主题时，在短暂的时间里，我们无法专注于第二种刺激。也就是说，如果我们刚刚专注于某件事情，那么我们可能不太容易想起之前接触的另一件事情。当我们专注的事情极具情绪感染力时，这种效应似乎更加明显。某人可能会经历极为痛苦的车祸。此时，由于注意力和专注度得到加强，他可以形成关于车祸所有细节的极为鲜明的记忆，就好像车祸过程以慢镜头在他面前展开一样。不过，这个人事后可能会说，他在车祸发生后有点"断片"，不太记得之后发生了什么。

戈登·鲍尔（Gordon Bower）1981 年的研究显示，人们可以更好地记住与他们记忆信息时的情绪更加匹配的信息。如果人们看书时心情不好，那么他们也许可以记住不快乐的人物及其详细经历。他们也许更容易忘记他们在这段时间遇到的其他快乐人物的细节。在一部电影里，根据情绪的不同，你可能会与不同演员产生共鸣。事实上，你记忆这些人物的能力也会受到影响。

这就叫作情绪一致效应。我们已经知道，情绪会通过边缘大脑中海马和杏仁体的作用，影响信息的存储和检索。如果你的情绪状态与你形成记忆时的状态相匹配，你就可以更加轻松地检索记忆。

那么，如何利用所有这些信息实现更好的学习和记忆呢？首先，你需要认识到，学习不是在大脑某个高级理性区域发生的、与我们其他经历没有联系的单调而中立的活动。情绪在记忆的创建和检索中起着极为重要的作用。所以，在研究和学习新事物时，请记住这一点。

努力将新信息与已经存在于你记忆中的信息相联系，这种联系的情绪色彩越强，效果就越好。如果你为每个分子赋予家庭成员角色，向自己讲述关于这些分子在大型家庭辩论中得到和失去碳原子的具有强烈情绪色彩的故事，那么你更容易记住复杂化学方程的细节。想象历史教科书中的人物全部来自《权力的游戏》中的不同家族，或者使用简单而幽默的助记法记忆无聊的编程缩写。在学习笔记中写满对你有意义的人名、来自个人生活的思想和主题、热门时事或者能被你牢牢记住的流行文化元素。如果某个新的解剖过程对你而言很陌生，你可以在头脑中将其改写为蛋糕配方（如果你是热情无限的面包师）或者小时候的流行肥皂剧。

你还可以直接为你所学习的事物灌输情感，尽管它们可能与你的旧有记忆没有直接联系。如果你能为一系列无聊的词语杜撰一个小故事，将它们全部联系起来，这些词语将更容易记忆，尤其是当你杜撰的是可怕的恐怖故事时。只要肯花心思编故事，你就可以获得起步优势，事后回想这些词语就会更加轻松。

不要试图将那些和你不相关的枯燥信息硬塞进大脑里。

在现实中，所有信息都是中性的，你需要通过感知为其赋予情感和吸引力。你应该为其赋予某种能够吸引你的形式，不管这种形式多么特别、古怪、悲伤或不合法度。当你试图回想这种信息时，只要暂时性地再次感受一下这种情绪，你就会吃惊地发现，你可以迅速回想起这些记忆。你是否注意到，某些味道可以将你带回到过去非常特别的情绪瞬间？这是因为，负责味道的神经元与情绪化的边缘中心关系特别密切。

你可以将前面描述的任何技巧和方法与情绪力量相结合，以加强学习和记忆能力。你可以在家里的不同房间学习不同章节，将教材与每个房间真实生动的记忆捆绑在一起。学习环境的情感色彩越强，效果就越好。你可以用气味、触感、味道和声音来丰富记忆的层次。

在处理信息时，让信息在头脑中翻转，尽可能多地尝试布卢姆分类法中的动词。使用视觉、听觉、触觉和动觉信息，并且讲述故事，以添加重要的情绪元素。当你通过分块压缩信息，降低认知负荷时，你可以根据情绪分块。在简化复杂任务时，将其转变成简单的顺口溜和游戏、童年记忆或者使你火冒三丈的想法。当边缘系统帮助你回想起这些记忆时，你的"高级"大脑可以开始运转，填充更加客观的细节。

大脑往往更喜欢所谓的异常信息，我们可以通过我们讨论过的另一种方式对此加以利用，即构造生动画面。

大量研究显示，除了有感染力的信息和异常信息，视觉线索也可以帮助我们更好地检索和记忆信息。关于视觉学习的研究结果很有道理，因为大脑主要是图像处理器（大部分感觉皮质专门用于处理画面），而不是文字处理器。实际上，和处理视觉形象的部分相比，大脑中用于处理文字的部分是很小的。

文字很抽象，很难被大脑记住，图像则是具体的，因此更容易记忆。

无数研究证实了视觉形象在学习中的威力。例如，一项研究要求学生记忆许多组词语，每一组包含三个词语，比如狗、自行车和街道。通过不断重复来记忆这些词语的学生在回忆时表现得并不好。与之相比，对三个词语进行视觉联想的学生在回忆时的表现要好很多，比如想象狗在街道上骑自行车。

根据研究结果，对于生动画面的有效使用可以缩短学习时间，增进理解，促进检索，强化记忆。记忆在很大程度上具有视觉性质。所以，我们应该对此加以利用。

假设你想要记忆一组对象：兔子、咖啡、毯子、头发、仙人掌、跑步、山脉和茶，共有八个项目。

这些事物很难记忆，因为它们没有联系。不过，你可以在头脑中为每个项目创建生动鲜明的形象，以加强记忆。这些形象不需要体现词语的精确含义，甚至可以与词语无关。

例如，你能为兔子创建什么形象呢？你可以使用正常的可爱兔子作为精神意象，但它在你的记忆中并不独特。你可以根据兔子一词使你想到的事情、符号、这个词语的声音特征和写法构造一个形象。这个形象越是不同寻常，记忆效果就越好，因为我们很容易忘记正常的事情。

当你将这一方法应用于上述八个项目时，你可以更有效地记忆它们。你不只是在利用大脑的工作方式；你是在花费时间和精力去选择合适的精神意象。

当你养成良好习惯，不是只考虑信息的表面价值，而是深入思考，构建生动画面，使之在你的头脑里留下深刻印象时，你的记忆能力将大幅提升。你甚至只需要花时间挑选生动画面，使事物刻印在你的脑海里。不管怎样，这种方法都很有效。

加强记忆效果的第二种途径是创建生动、独特而难忘的故事。

当你不是试图记忆枯燥的事实，而是在词语之间创建有意义的联系时，你可以获得更好的记忆。一个故事可以将八个信息片段转变成一大块信息，这与本书前面提到的信息分块非常相似。

通过为这八个词语创建故事，你可以更加轻松地以正确顺序记住所有词语。对于上面列出的词语，你能构造出怎样的故事呢？和前面的方法类似，故事越离奇，记忆效果就越好。

提醒一下，这八个词语是：兔子、咖啡、毯子、头发、仙人掌、跑步、深山、茶叶。

举例如下。兔子由于销售伪装成咖啡的毒品而入狱。他把毯子和头发绑在一起，做成武器，试图攻击狱友。一天，他在监狱操场跑步时发现了仙人掌。他用仙人掌换了 3 千克茶叶，逃到了监狱旁边的深山里，再也没有出现。

每个词语都是一个大脑触发器，可以帮助你想起下一个词语。同样的道理，当你听歌时，每句歌词都可以使你想起下一句歌词，所以你能想起一首歌的所有歌词。

这种技巧的主要原则是让每个项目变得独特（想象），并将其与下一个项目相联系（关联）。你的故事越疯狂，效果就越好。故事越独特，它就越能深刻地印在你的脑海里。当你编故事时，应该在头脑中想象尽可能多的颜色和运动场面。将故事练习两三遍。接着，进行自我测试，看一看你能记住多少词语。我之前说过，这些增进记忆的技巧非常有效，因为它们反映了记忆的工作方式。

通过编故事，你可以用另一种方式关注眼前的信息，让它对你产生意义，使你能够轻松地将其回想起来。这里的主要思想是在无意义、无关联的事实和信息中创建意义，以方便记忆。

主动而非被动

2013 年，研究员约翰·邓洛斯基（John Dunlosky）及其同事对于各种学习方法和模式进行了深入考察。他们选择了 10 种方法，因为这些方法"相对容易使用，因此可以被许多学生采纳"。你过去可能尝试过所有这些方法，但是效果有好有坏。

邓洛斯基团队根据学习和记忆效果为每种方法评分。果然，团队认为学习效果不好的五种模式也是使用最为普遍、最被大家认可的模式。

总结。在这种模式中，学生需要对他们即将学习的文本写下自己的总结。总结的目的是"确定文本的要点，把握其主旨，排除不重要或重复的内容"。邓洛斯基团队宣称，只有在学生受过相关培训的情况下，总结方法才会发挥作用。对于大多数没有受过培训的学生，这种方法根本行不通，没有任何效果。换句话说，这种方法理论上是有效果的，但是你在实践中的做法很可能是错误的。

标记。这是一种由来已久、普遍存在的方法，它指的是用亮色马克笔在重要文本上做标记，或者在下面画线。研究人员发现，对于特别困难的文本，标记也许有一点用，但是整体而言，标记对学习具有不利影响，因为它不会帮助学生从学习材料中获得更多理解和结论。

助记术。助记术拥有悠久的历史，它是通过对图像、歌曲、短语或缩写的回想或速记，来回忆已经学习过的事实或信息，比如用"超人帮助每个人"（Super Man Helps Every One）来记忆五大湖（Superior, Michigan, Huron, Erie, Ontario），或者用物体的图片来学习外语。研究人员发现，虽然助记术可以帮助我们迅速回想起关键词，但是通过助记术实现"持久学习"的可能性是很低的。这也许和我们讨论过的机械记忆和概念学习之间的关系有关。

用于文本学习的形象应用。这种回想方法比助记术更加抽象，它鼓励学生在头脑中或者在纸上构建图像，以表示他们阅读的文本段落。研究人员发现，这种形象应用"很有希望"，但是这一主题还有深入研究的必要。总体而言，他们发现，形象应用的好处仅限于记忆测验以及适合创建图像和回忆的文本。注意，这与上一节谈论的生动鲜明、具有情绪感染力、基于故事的画面是完全不同的。

重复阅读。邓洛斯基的团队发现，虽然重读和复习文本的做法很常见，容易实施，但是效果一般，而且只在两次重复阅读间隔一定时间的情况下才有效果。他们还指出，没有令人信服的证据表明，重复阅读对于学生的知识、能力和深刻理解具有任何影响。

　　这五种方法并非没有任何优势。它们简便易用。而且，当学生知道如何恰当使用这些方法时，它们是有效果的。不过，邓洛斯基发现，它们的充分性、适用性以及它们对于维持深刻理解的效果存在一定的局限性，常常受到某些条件的限制。它们对于表面意义和记忆具有一定的价值，但是对于理解的作用很小。

　　实际上，这些无效方法的共同点在于被动性。当你试图被动学习某种知识时，你是想在不付出太大努力的情况下通过耳濡目染进行学习。你可以尝试，但你很快就会意识到，如果你不想主动学习，如果你不想付出一定的努力，承受一定的不适，你就不能真正掌握任何东西。这是大脑前进和进步的方式，正如辛苦的体育锻炼对身体有益。

　　那么，邓洛斯基及其团队发现了哪些特别主动有效的学习方法呢？有两种具体方法，下面分别介绍。

间隔重复

间隔重复又叫分散练习，你应该能猜到它的含义。

为了投入更多精力，更好地记忆信息，你可以将重复接触信息的机会分散在尽量长的时间段里。换句话说，在学习知识和技能时，每天学习一小时的效果比周末学习 20 小时要好得多。类似地，研究显示，1 天看某件事物 20 次的效果远远比不上在七天时间里看这件事物 10 次的效果。这就是填鸭式学习的弱点。

这对于实践有何启示？间隔重复意味着每天 5 分钟对于学习和记忆的效果远远优于每周 1 小时。当你关注学习的频率而不是持续时间甚至强度时，你会学得更好。当你关注持续时间时，你常常会变成为了学习而学习，这对于你的整体目标常常是不利的。

你可以将头脑想象成肌肉。你不能不加休息地持续使用肌肉。类似地，你的头脑需要在不同概念之间建立联系，创建肌肉记忆，从整体上熟悉某个事物，这需要时间。研究显示，神经连接是在睡眠时建立的，这不限于思想层面。在睡眠时，你的大脑中会建立突触连接，树突也会受到刺激。

如果运动员在一次练习中用力过度，就像你在学习中想要做到的那样，那么这个运动员要么受伤，要么由于过度劳累而使练习后半段失去意义。对于学习来说，休息和恢复是必要的。有时，努力并不是唯一重要的事情。

所以，当你关注频率时，你突然拥有了清晰的实践组织结构。在没有计划的情况下，大多数人只会持续地学习和实践，直到眼冒金星，手指流血，累得精疲力竭，这种只用蛮力的学习方法并不明智。如果你遵循间隔重复计划，你就拥有了最优的学习时间表。

举个例子，假设你在学习西班牙历史时遇到了困难。当你遇到困难时，这意味着你应该加大学习频率。如果遵循只关注持续时间的学习实践时间表，你就会从周一一直学习到周日。下面是优化后的时间表，它更加关注频率。

周一上午 10 点。学习关于西班牙历史的初步事实。记五页笔记。

周一晚上 8 点。回顾关于西班牙历史的笔记，但是不能仅仅被动回顾。一定要从自己的记忆中努力回想相关信息。同单纯的重复阅读和回顾相比，回想是更好的信息处理方式。这可能只需要 20 分钟。

周二上午 10 点。在不过多参考笔记的情况下回忆相关信息。在你无法通过主动回忆想起更多信息时，回过头来参考笔记，看看你漏掉了什么，记下你需要更加关注的内容。这可能只需要 15 分钟。

周二晚上 8 点。回顾笔记。这需要 10 分钟。

周三下午 4 点。试着再次独立回忆相关信息，并且仅在回忆结束时参考笔记，以查看你所忽略的内容。这只需要 10 分钟。一定不要跳过任何步骤。

周四晚上 6 点。回顾笔记。这需要 10 分钟。

周五上午 10 点。主动回忆环节。这需要 10 分钟。

观察这份时间表。可以看到，你在一个星期里只投入了 75 分钟的额外学习时间，但你却对整节课进行了六次回顾。

而且，你可能会记住其中的大部分内容，因为你在主动回忆，而不是被动回顾笔记。即使你把时间留得充裕一些，把总时间翻倍，达到 150 分钟，和持续学习相比，这仍然只是一个零头，但它的效果却好得多。

如果你关注频率，掌握主动，你可以在短时间里取得惊人的进步。规划相对较短的学习时间段可以使你集中注意力，不会由于为一项任务分配大块时间而陷入懒惰。

你可以在下周一接受测验。实际上，你完全可以在周五下午接受测验。间隔重复使你的大脑有时间去处理概念，完成各种关联和跳跃。

当你反复接触某一概念或技能时，会发生什么呢？在最初一两次接触时，你可能看不到什么效果。当你熟悉这一概念，不再走形式时，你开始在更深层次上考察这一概念，思考它的背景。你开始将它与其他概念和信息相联系，不再从表面意义上去理解它。

这不是机械行为，你必须主动而投入 —— 而这只能在短时间里做到。抽认卡片对此特别有用，尤其是当你不断洗牌并以不同顺序呈现卡片时。

另一个有用的方法是每次选择教材中的不同起始点，以便打乱顺序，避免每次浏览相同的内容。其目的是为你每天多次回顾的教材注入新鲜感和不同视角。

所有这些都是为了让你的短期记忆转变成长期记忆。所以，填鸭式学习和临时抱佛脚不是有效的学习方法。由于缺乏重复和深入分析，你只能将很少的知识转化成长期记忆。这种机械记忆不同于我们前面讨论的概念学习，它很快就会被我们遗忘。

从现在开始，希望你不再衡量花在某件事情上的小时数，而是衡量你的回顾次数。你的目标应该是提高回顾频率，而不一定是增加持续时间。你最好能同时做到这两点。不过，关于间隔重复的研究清晰表明，适当间隔更加重要。

　　间隔重复通常有两种不同用法。你可以将其用在初次学习上，也可以用它来避免遗忘，将知识牢牢记在脑子里。上面的例子关注的是初次学习阶段，用于避免遗忘和强化记忆的时间表看上去则要简单一些。它会从战略上以足够多的次数触碰信息，以便将其刻印在脑海里，但是这个次数不会太多，以免浪费时间或者达到收益递减点（即你已将信息记住的时候）。

　　比如，周一中午 12 点，周三中午 12 点，周六中午 12 点。我们的头脑不一定能记住超过必要限度的信息，它会尽快将信息丢弃，因此间隔重复远远优于一天投入一大块时间的做法。

　　随着时间的推移，花园里的小路会被杂草覆盖。头脑中的记忆就像小路一样，它需要一定的重复才能变得足够清晰。即使是少量的重复也会明显增加小路的清晰度和持续时间。

　　即使你时间很紧，你也要知道，对于某种知识学习两次几乎总是好于学习一次。如果你想迅速加强记忆，提高技能，你可以在每天睡前回顾 15 分钟。只要做到这一点，你就可以超越他人，取得更好的学习效果。如果你想获得更加详细的间隔重复和频率优化指导，请参考下面四点。

- 将前面的西班牙历史学习计划作为模板。一周 7 次听上去很多，但在现实中，你只需要额外投入一两个小时。这有助于你持续关注当前科目，合理利用头脑的信息吸收偏好。看一看你处在初次学习阶段还是牢记阶段，并对你的计划做出相应的调整。

- 频率优先——至少在一周时间里每天学习一次，最好每天学习两次。用重复浏览教材的次数来衡量，而不是用花费的时间来衡量。和前面一样，根据你处在学习阶段还是牢记阶段对其进行相应的调整。

- 每次都要主动学习教材，而不是走走形式。你可能需要通过不同的创意反复接触同样的内容。前面说过，你可以使用不同的起始点，不同的抽认卡片，或者以不同方式反复阅读相同的教材。在这里，你可以变换信息的输入方式。

- 自我测试。不要蜻蜓点水，不要只是回顾、阅读和识别。如果你感觉太过轻松，这说明你的学习没有达到最佳状态。

自我测试和检索实践

检索实践可以使我们开动脑筋，深入挖掘记忆库。同时，它也是最有效的学习方式之一。它是自学的第三大支柱。

我们通常将学习看作某种吸收过程，看作某些知识进入我们头脑的过程——老师或教科书向我们提供事实、数据、公式和语句，我们只是坐在那里收集这些信息。这只是积累——是一种非常被动的行为。

这种学习得到的知识无法被我们长期记忆，因为我们虽然得到了知识，但是并没有进行太多运用。为取得最佳效果，我们需要将学习变成一种主动行为。

这就是检索实践发挥作用的地方。检索实践不是将更多东西塞进头脑之中，而是帮助我们将知识从头脑中取出来并投入使用。这有助于记忆。这种看似很小的思维转变可以极大地加强记忆效果。每个人都记得小时候的抽认卡片。卡片正面是数学公式、词语、科学术语和图像，背面是"答案"——即学生需要给出的解答、定义、解释或者其他回答。

抽认卡片的想法正是来自这一概念。这种方法既不新奇也不太复杂：你只需要在看到某种图像或描述（卡片正面）时回忆你学过的信息（背面）。

检索实践是强化记忆的最佳途径之一。虽然它的核心思想非常简单，但是检索实践的实际使用并不像被动使用抽认卡片或者浏览笔记那么简单。相反，检索实践是一种主动技能：你需要真正做到努力思考和回想，最终在没有提示的情况下想起相关信息——这也是我们在这本书中讨论过的许多加速学习方法的精髓。

普贾·阿加瓦尔（Pooja Agarwal）在一年半时间里对于中学生社会科目的学习进行了研究，研究截至 2011 年。该研究试图确定定期大量测验——相当于检索实践练习——

对于学习和记忆能力有何益处。

教师没有改变学习计划，像平常一样讲课。学生定期接受由研究小组设计的关于课程内容的测验，并且知道测验结果不会计入他们的成绩。

这些测验只涉及教师讲课内容的大约三分之一，教师在学生接受测验时需要离开教室。这是为了避免教师知道测验内容。上课时，教师像平常一样授课和提问，并不知道自己讲授的哪些内容出现在测验里。

这项研究的结果是用每单元结尾的考试来衡量的。结果令人震惊。和测验没有涉及的问题相比，测验涉及内容——占授课内容的三分之一——的学生平均得分高了整整一分。虽然学生不存在为了提高总成绩而将所有测验问题答对的压力，但是偶尔的测验的确有助于学生的学习。

阿加瓦尔的研究对于效果最好的问题类型提供了一些线索。相比于选择题和判断题，需要学生凭空回忆信息的问题取得了更大的成功。在没有文字和视觉提示的情况下努力回想答案的练习可以改善学生的学习和记忆效果。

检索实践的主要优点在于，它鼓励学习者主动努力学习，而不是被动接受外部信息。

和不断将概念塞进头脑相比，从头脑中提取概念的效果更好。真正的学习应该是知道自己获得了哪些新知识并能在稍后将其运用起来。我们之前提到了作为检索实践衍生物的抽认卡片。不过，抽认卡片本身并不是检索策略：仅仅使用抽认卡片并不能保证真正的检索实践。

许多学生在被动使用抽认卡片。他们看到提示，在头脑中做出回答，告诉自己已经知道答案，翻过卡片去看答案，然后再去看下一张卡片。在真正的检索实践中，你需要花费几秒钟的时间真正回想答案，最好将答案大声说出来，然后再把卡片翻过来。这种差别看似微妙，但却很重要。如果能在翻卡片之前真正检索并说出答案，学习者可以取得更好的效果。强迫自己使用抽认卡片或者接受类似的模拟测试可以使你获得最佳记忆效果。

在现实中，我们通常没有老师、现成的抽认卡片或者其他辅助。此时，如何对我们所学习的知识进行检索实践呢？一种好方法是对抽认卡片进行拓展，使之更具交互性。

我们小时候使用的大部分抽认卡片非常单调。你可以调整抽认卡片策略，改变卡片背面的内容，以适应更加复杂的自学或其他实际应用。

当你在工作中或者在课堂上学习时，你可以在抽认卡片正面写上概念，背面写上定义。完成这项任务后，再做一组"指导"卡片，以便将这些概念运用到创造性情境或现实情境中。下面是一个例子：

- "用仅仅一句话表述这个概念。"
- "设计电影或小说情节，以展示这个概念。"
- "用这个概念描述现实生活中的某个事件。"
- "描述这个概念的对立面。"

　　检索的机会是无穷无尽的。记住，你的目标是强迫自己搜寻记忆，展示信息，然后将其放回记忆库中。

　　为了更好地使用抽认卡片，你可以制作两组卡片。第一组卡片只包含定义和单一概念：一个词语的提示对应一个词语或一个句子的答案。

　　第二组抽认卡片包含关于单一概念的丰富信息，你必须在一个词语的提示下回忆所有这些信息。这也叫作封包信息。此时，你的短期记忆（平均只能记住七个项目）可以记忆大块信息，而不是比较小的单一信息元素。这意味着当你将更多信息放入每张抽认卡片时，这组信息会成为一个项目而不是多个项目。

　　在浏览抽认卡片时，把认错的卡片放回卡片堆的中间或上方，以便更快、更频繁地看到这些卡片。这样可以帮助你纠正错误，更快地将其记住。

　　这些练习可以从相关概念中提取你自己无法生成的更多

信息。你可以把它们放在创造性叙述或表述的上下文中。当
它们在现实生活中出现时，你就可以更好地理解它们了。当
你使用抽认卡片时，检索实践是很简单的，它本质上是一种
自我测试。当你稍微动动脑，从记忆库中挖掘信息并进行检
索时，这些信息会牢牢地刻印在你的头脑中。你可以做一些
花哨的抽认卡片，用卡片上的问题考验自己理解知识的极限。
重要的是不断将信息从头脑中提取出来，这样你的记忆就会
大为改善。

画重点

- 在记忆信息时，你的大脑需要像海绵一样工作。你可
  以吸收和综合信息，但是如果无法将其记在脑子里，
  你就是在白费力气。你无法使用这些信息，甚至无法
  用它们应付考试。这又有什么用呢？所以，你必须记
  住它们。幸运的是，脑科学在这里特别有用，可以告
  诉我们哪些方法有助于信息记忆，这些方法很可能是
  你没有使用过的。

- 情感是强大的信息记忆工具。这是因为，我们的大脑

天生喜欢生动形象、不同寻常、具有情绪感染力的信息。这些信息可以帮助我们生存，它们更具吸引力，往往更容易被我们记住。所以，如果能将信息与情感、生动的画面与难忘的故事（你自己编的）联系起来，我们就可以实现更好的记忆。有意识的大脑可以通过许多潜意识挂钩从记忆库中获取信息，而情感是一个很重要的挂钩。

- 主动、努力而艰苦的学习可以实现最佳记忆。这与努力健身和强健的身体的关系类似。如果你的锻炼只包括 15 分钟步行，你的健身效果可能不会太好。所以，研究表明，总结、标记和助记术等被动学习方法不是特别有效。相反，下面两种方法的效果是最好的。

- 间隔重复要求你关注学习频率而不是持续时间。研究表明，间隔重复的效果优于其他大多数常规学习计划。所以，通宵死记硬背的效果不是很好，而学习时间表的规划则是至关重要的。

- 最后，自我测试和实践可以从头脑中提取信息，而不是将信息塞进大脑。我们参与的迷你测试越多，我们的记忆和学习效果就越好，尽管这可能违反直觉。这种方法被称为检索实践，因为你需要检索信息。虽然检索实践主要是通过抽认卡片实现的，但是我们必须知道，检索实践的关键是采取主动。我们越努力，我们的学习和记忆就越深刻。只要你强迫自己学习，你就会学有所成。这里没有捷径可言。

总 结

第一章　学习的大脑

- 为了更好地学习，我们需要利用我们已经拥有的学习大脑。为此，我们需要理解大脑所偏爱的信息接收和处理方式，而不是像填充小丑车一样将信息塞进大脑里。实际上，我们有两个大脑，它们一直在相互对抗。它们分别是帮助我们学习的前额皮质和剥夺我们感官的边缘系统。当然，这个问题对于行为的影响远远超过了对于学习的影响，但它是我们探索神经学习的第一站。

- 归根结底，我们可以通过脑生理学确定三个主要的关注领域：信息吸收（即处理和摄取信息）、信息综合（分析、理解和赋予意义）以及信息保持（记忆和编码）。

- 对于最后一项，即记忆，我们探索了创建记忆的三个步骤，即编码、存储和检索，其中任何一个步骤的缺失都会加快遗忘速率，使你觉得你并没有学到什么东西。

- 在探索大脑拥有的技能之前，我们简单考察了学习的心理前提，它可以用学习成功金字塔来概括，其中自信（我能做到）和自我管理（制订行动计划）对于有效学习是至关重要的。我们甚至可以说，它们是学习的前提条件。如果你不能制订针对挪威语的整体学习计划，不相信你有能力掌握挪威语，你又怎么能学会挪威语呢？

第二章　信息吸收

- 在顺应大脑的有效学习中，信息吸收是第一个关键点。如果我们不能看到、听到或感知信息，接下来的事情就没有意义了。如果信息无法进入大脑，任何记忆技巧和深度学习都是空中楼阁。

- 确保合理吸收信息的第一步是考察我们为大脑施加的认知负荷。有三种负荷：内在负荷、外在负荷和增生负荷。它们与信息难度、信息呈现形式以及为信息赋予个人意义的难度有关。大脑很强大，但它毕竟是一种生理结构，需要充足的休息、放松和合理的认知负荷。从另一种视角看，我们只能在强度、频率和持续时间这三个元素中选择两个。

- 分块是降低认知负荷、促进信息吸收的绝佳途径，因为它可以将十个知识点转化成三个（这只是举例）。为学习过程三大元素提供帮助的简单分块方法包括根据分组、分类和模式分块——你可以随意创建组别、类别和模式。促进吸收和综合（以及记忆）的有效信息分块途径包括将新信息映射到旧有信息之上，以及将信息分解成最小单元，以便通过某种对你有意义的方式将其组合起来。

- 压力会使大脑无法关注、专注于或关心任何事情。第一章关于大脑结构特别是边缘系统的论述简单提到了这一点。当大脑承受重压时，一切功能都会关闭。不过，我们又不能没有任何压力。这种观点源于耶基斯–多德森的倒 U 形曲线。根据这条曲线，每个人都有一个所谓的甜蜜点，即使大脑达到最佳"性能"的压力点。为了保持专注，压力不能太小，但也不能太大。

- 最后，关于信息吸收，我们必须动用各种资源，以实现专注和投入。所以，我们提出了不同学习风格和媒介的混搭。某种风格和媒介不一定在科学上比其他形式更优秀，但是如果信息的呈现形式不是我们喜欢或偏爱的类型，我们有时会疲惫、无聊，或者失去兴趣。所以，我们提出了一些采用不同风格和媒介的模型：主动和被动，感受和直觉，视觉和语言/其他，顺序和全局，以及存在争议的学习金字塔，包括倾听、阅读、音频/视频、演示、讨论、现实经历和教导他人。记住，关于学习风格的传说只是一种迷思而已。

第三章　信息综合

- 信息综合是以大脑喜欢的方式进行有效学习的第二个分支。综合又叫理解，它大概是我们通常所说的学习的真正基石。它是指从内到外地了解新概念或新信息。你需要了解它所适用的上下文，从尽可能多的角度观察它，以确保真实而充分的理解，尤其是对于盲点而言。这听上去很难，而且的确很难。不过，这正是巩固理解和记忆所需要的艰苦努力。"没有痛苦就没有回报"的说法也许不适用于此，但是如果没有明显的理由（即如果你不强迫自己努力），大脑就不会去记忆某件事情。

- 布卢姆分类法是一种理解和处理信息的神奇工具。它是走向深入综合的一系列思想元素。事实上，它的六个阶段提供了为确保理解信息而与信息深入互动的指导原则。在理解一个概念之前，你必须将其记住。要想使用一个概念，你必须首先理解它。为了评估一个过程，你必须先进行分析。要想创建准确的结论，你必须首先完成充分的评估。重要的是通过反省理解你目前处于分类法的哪个阶段。只有这样，你才能知道接下来需要做什么。

- SQ3R 方法是另一种增进理解的工具。它要求你与学习资源互动。大多数人只会将某种信息阅读或倾听一遍，SQ3R 方法则需要调研、提问、阅读、复述和回顾。这差不多是五个分析层次，可以使你增进理解。当我们知道前方有什么，并且知道刚才发生了什么时，我们可以实现更好的学习。

- 自我解释（精致化询问）和费曼学习法是改进信息综合的最后两项工具。当我们不得不通过自我询问来解释概念时，我们会迅速发现什么是我们知道的，什么是我们根本不知道的。后者叫作盲点，其数量远远超出了你的想象。你能解释为什么天空是蓝色的或者引力是怎样发挥作用的吗？你也许不能一下子说清楚，尽管你认为自己理解这些概念。费曼学习法是自我解释的一个分支，可以帮助你发现盲点。此外，它还添加了一项内容，即用类比来解释你认为你知道的事情。它大概是最强大的工具，因为它可以使你立刻感受到自己的无知——这对学习是一件好事。

第四章 信息保持

- 在记忆信息时，你的大脑需要像海绵一样工作。你可以吸收和综合信息，但是如果无法将其记在脑子里，你就是在白费力气。你无法使用这些信息，甚至无法用它们应付考试。这又有什么用呢？所以，你必须记住它们。幸运的是，脑科学在这里特别有用，可以告诉我们哪些方法有助于信息记忆，这些方法很可能是你没有使用过的。

- 情感是强大的信息记忆工具。这是因为，我们的大脑天生喜欢生动形象、不同寻常、具有情绪感染力的信息。这些信息可以帮助我们生存，它们更具吸引力，往往更容易被我们记住。所以，如果能将信息与情感、生动的画面与难忘的故事（你自己编的）联系起来，我们就可以实现更好的记忆。有意识的大脑可以通过许多潜意识挂钩从记忆库中获取信息，而情感是一个很重要的挂钩。

- 主动、努力而艰苦的学习可以实现最佳记忆。这与努力健身和强健的身体的关系类似。如果你的锻炼只包括 15 分钟步行，你的健身效果可能不会太好。所以，研究表明，总结、标记和助记术等被动学习方法不是特别有效。相反，下面两种方法的效果是最好的。

- 间隔重复要求你关注学习频率而不是持续时间。研究表明，间隔重复的效果优于其他大多数常规学习计划。所以，通宵死记硬背的效果不是很好，而学习时间表的规划则是至关重要的。

- 最后，自我测试和实践可以从头脑中提取信息，而不
  是将信息塞进大脑。我们参与的迷你测试越多，我们
  的记忆和学习效果就越好，尽管这可能违反直觉。这
  种方法被称为检索实践，因为你需要检索信息。虽然
  检索实践主要是通过抽认卡片实现的，但是我们必须
  知道，检索实践的关键是采取主动。我们越努力，我
  们的学习和记忆就越深刻。只要你强迫自己学习，你
  就会学有所成。这里没有捷径可言。

图书在版编目（CIP）数据

学习脑：像训练肌肉一样训练大脑 /（英）彼得·
霍林斯著；独孤轻云译. -- 北京：九州出版社，
2022.10

ISBN 978-7-5225-0973-0

Ⅰ. ①学… Ⅱ. ①彼… ②独… Ⅲ. ①学习方法—通
俗读物 Ⅳ. ①G791-49

中国版本图书馆CIP数据核字(2022)第097717号

Copyright © 2017 by PKCS Media, Inc..
Simplified Chinese translation rights arranged with PKCS Media,lnc.
through TLL Literary Agency.

著作权合同登记号 图字：01－2022－4063

学习脑：像训练肌肉一样训练大脑

作　　者　［英］彼得·霍林斯 著　独孤轻云 译
责任编辑　李 品　周 春
出版发行　九州出版社
地　　址　北京市西城区阜外大街甲35号（100037）
发行电话　（010）68992190/3/5/6
网　　址　www.jiuzhoupress.com
印　　刷　天津中印联印务有限公司
开　　本　889 毫米×1194 毫米　　32 开
印　　张　5.5
字　　数　82 千字
版　　次　2022 年 10 月第 1 版
印　　次　2023 年 2 月第 1 次印刷
书　　号　ISBN 978-7-5225-0973-0
定　　价　49.80元